DES GRANDS

ET

DES PETITS THÉATRES

DE LA CAPITALE.

. . . . Dare quod medicorum est
Promittunt medici : tractant fabrilia fabri.
Hor. *Epist.* lib. II.

PARIS,

IMPRIMERIE DE LE NORMANT.

1816.

AVIS AU LECTEUR.

—

Une feuille publique du 25 janvier 1816 (article *Paris*)
a dit :

« On parle d'un nouveau plan qui doit être inces-
» samment présenté à S. M., et qui auroit pour but de
» réduire le nombre des théâtres, et de déterminer
» d'une manière *positive* le genre que devra jouer
» chaque théâtre conservé. »

L'auteur de l'Essai qui paroît aujourd'hui avoit, dès
le mois de novembre 1814, placé sous les yeux de l'autorité des réflexions relatives à la *distinction des genres*.
L'insertion du paragraphe ci-dessus le détermina à
reproduire dans le plus bref délai son projet, mais avec
une extension nécessitée par de nouvelles circonstances.
Aussitôt il s'occupa sans relâche de cette brochure.

La précipitation avec laquelle ce travail a été mis
sous presse, a dû nécessairement occasionner des incor-
rections. Toutefois, on n'a point prétendu écrire un
ouvrage de *littérature*, mais seulement rédiger et soumettre un plan d'organisation dont on a cherché à faire
sentir l'avantage, en l'appuyant de faits, de renseigne-
mens et d'observations.

Puisse le lecteur, à son tour, ne point recourir à
Horace pour appliquer à l'auteur cette maxime :

> *Sumite materiam vestris qui scribitis æquam*
> *Viribus, et versate diù, quid ferre recusent,*
> *Quid valeant humeri.*   Art. Poet.

Paris, 20 février 1816.

DES GRANDS

ET

DES PETITS THEATRES.

PREMIÈRE PARTIE.

De l'Académie royale de Musique : des moyens d'accélérer la représentation des ouvrages nouveaux. — Du Théâtre Français ; réglement du 15 octobre 1812.—Du Théâtre Royal de l'Opéra-Comique ; projet relatif à ce théâtre. — Du Théâtre royal Italien. — De l'Odéon ; extension de genre proposée. — De l'une des principales causes du peu du prospérité des théâtres royaux : comment ils pourroient redevenir florissans.

DE L'ACADÉMIE ROYALE DE MUSIQUE.

La première pensée qui s'offre à l'esprit en jetant les yeux sur ce magnifique établissement, est bien certainement le danger auquel son voisinage semble exposer ce dépôt de tant de richesses, cet édifice si précieux, la *Biblio- thèque du Roi.*

Il a fallu le règne de l'anarchie, l'exil de l'ordre et de la raison, pour permettre d'élever dans un semblable emplacement un théâtre aussi grand (1).

Le spectacle extraordinaire, spectacle réunissant tous les genres, et que l'on offrit au public, ne fut pas de longue durée dans ce superbe local. On se hâta d'y installer l'Opéra, dont ce nouveau théâtre étoit déjà devenu le rival dangereux (2).

On prit des précautions si multipliées contre les incendies, et la surveillance est surtout aujourd'hui si exacte, qu'on a la plus juste sécurité sur tout événement de cette nature.

L'Académie royale de Musique ne présente donc, pour ainsi dire, de désavantage réel

---

(1) A cette heureuse époque, il est vrai, les lumières étoient tellement abondantes, que l'un des plus *savans* énergumès révolutionnaires, le fameux *Henriot*, convaincu que toute lecture devenoit désormais superflue, avoit fait la motion de *brûler la Bibliothèque* !....

(2) L'Opéra jouoit dans une salle provisoire, boulevard Saint-Martin.

maintenant, à cause de sa localité, que par rapport à ses abords étroits, incommodes pour les voitures, et dangereux pour les piétons.

Une place au-devant de l'Opéra est d'une nécessité absolue. Le transport de la Bibliothèque au Louvre fourniroit, je pense, un moyen facile d'exécuter ce projet.

Il sera permis, dans des temps plus prospères, de donner à la capitale une salle d'Opéra digne de la première ville du Monde, et dans le style du monument qui fait l'admiration des étrangers à Bordeaux. L'objet le plus pressant est le moyen d'alléger un Etat momentanément obéré ; ce moyen existe dans le développement de toutes les ressources de l'industrie. Un théâtre a les siennes ; l'Académie royale de Musique, surtout, en possède de grandes. Il ne s'agit que de démontrer la facilité de les déployer.

L'Académie royale de Musique est depuis long-temps tombée dans un état de léthargie, indigne à la fois de son nom et de sa brillante renommée. On s'étonne toujours de ce que le théâtre, le plus riche en moyens d'exécution, est celui qui offre le plus rarement et le plus péniblement des ouvrages nouveaux.

Mon but est de prouver comment il seroit possible de rendre à l'Opéra son ancienne splen-

I.

deur par une activité qui auroit pour résultat
de diminuer considérablement les sommes que
le gouvernement lui accorde annuellement. Je
vais de suite au fait.

Que faut-il, que manque-t-il à l'Académie
royale pour se suffire, peut-être, à elle-même ?
Des nouveautés. D'où proviennent les recettes
énormes des petits théâtres ? D'une foule de nouveautés. Je sais fort bien qu'on ne peut pas mettre
en scène un grand opéra ou un ballet d'action,
comme un vaudeville ou un mélodrame ; mais
il s'agit de lever les obstacles qui ralentissent
le travail nécessaire à la représentation des
ouvrages, et six mois cesseront alors d'être indis-
pensables pour offrir chacun d'eux au public.

La cause des *lenteurs* si souvent reprochées
à l'Opéra, lenteurs qui donnent lieu à son
déficit ordinaire, n'existe point dans la manière
d'administrer. En vain on feroit un réglement
qui, à l'instar de celui du théâtre français, a
fixé le nombre des pièces nouvelles à jouer dans
un temps déterminé. A l'Opéra, des entraves
bien autres que les *caprices* ou les *migraines*,
s'opposent réellement à ce que des ouvrages
nouveaux se succèdent avec une certaine célérité, et ces entraves sont dans le local même.
On va les connoître.

« Pour *monter* un grand opéra le théâtre est nécessaire à trois parties différentes; savoir : le *chant*, la *danse* et les *machines*.

» Les machines ne sont pas la partie surtout qui exige le moins rigoureusement l'occupation de la scène; car certes, cette partie ne peut être transportée ailleurs; et les travaux qui s'exécutent dans l'intervalle d'une représentation à une autre sont immenses, incroyables (1). Or donc, pendant ces préparatifs, toute répétition est impossible.

» Mais après que le machiniste a disposé le théâtre, le chant s'en empare-t-il ? La danse ne peut s'en servir. La danse l'occupe-t-elle à son tour ? Le chant se repose. L'orchestre ensuite fait-il des répétitions particulières, et pour son propre ensemble ? Le plus profond silence étant nécessaire, les trois autres parties sont dans une entière inaction.

» Admettons maintenant que pour atteindre le degré de perfection qui distingue l'Académie royale de Musique, six semaines de travaux et répétitions soient nécessaires à chacune des trois parties principales (considérant l'orchestre comme identifié avec le chant et la danse),

______

(1) On sait qu'il faut parfois changer presque en totalité le plancher; enlever et replacer des *fermes* qui le soutiennent dans toute la profondeur perpendiculaire du théâtre; etc. etc.

voilà quatre mois et demi employés pour *un seul* ouvrage, sans les cas imprévus, tels que remises de pièces au répertoire, maladies, etc.

Il est un moyen fort simple de remédier à ces inconvéniens majeurs, c'est de joindre à l'Opéra un *local auxiliaire*, une *salle de répétition*.

La salle des Menus-Plaisirs, dira-t-on, peut servir à cet usage. Sans doute. Mais je la crois insuffisante, si l'on veut donner à l'Opéra une grande et salutaire activité. L'ancien *théâtre Louvois*, par sa proximité et ses proportions, conviendroit parfaitement; et l'on seroit amplement dédommagé de la charge d'un loyer, ou de l'achat de cet édifice, si l'on considère les résultats avantageux que produiroit une accélération considérable dans la *mise* des ouvrages. Il va m'être facile de la rendre évidente.

L'Académie royale de Musique ayant à sa disposition deux *salles auxiliaires*, pourroit préparer à la fois opéras et ballets. Pour parvenir à ce point important, il suffiroit de choisir de la manière suivante, je crois, des ouvrages à mettre en répétition.

Un grand opéra, orné de toute sa pompe, marcheroit fort bien de front avec un ballet-pantomime en trois actes, si ce ballet n'exigeoit pas de travaux extraordinaires, et plus de trois changemens de décorations choisies dans les magasins.

Il est bien entendu qu'il n'est pas question ici d'un ballet dans le genre mythologique, mais d'un ballet tel que celui du *Déserteur*, ou de *Paul et Virginie*, etc.

Le grand opéra une fois lancé, je pense qu'il conviendroit de donner *tour* à un ballet orné d'un brillant spectacle, pendant les préparatifs duquel on répéteroit un opéra en trois ou en deux actes, mais n'exigeant point d'appareil.

Les ouvrages *sans dépense* offrent de grandes facilités pour varier souvent le répertoire, et le rafraîchir. Un ballet comme *l'Epreuve Villageoise*, ou *Nina*, un opéra comme *les Prétendus*, ou *Renaud*, n'ont rien d'embarrassant. Et en réfléchissant un moment sur le nombre considérable d'artistes pleins de zèle et de talens qui composent l'Académie royale de Musique, on sera convaincu de la possibilité de distribuer et de faire répéter à la fois plusieurs ouvrages. Au moyen de deux salles auxiliaires, le théâtre de l'Opéra étant constamment abandonné au machiniste, les travaux acquerroient une prodigieuse célérité. Le théâtre ne serviroit plus pour apprendre, mais bien pour mettre de l'ensemble et de la précision dans ce qu'on auroit appris.

Les auteurs, témoins d'une telle activité, composeroient des ouvrages en conséquence, et du moins avec la certitude de les *voir* joués.

J'ai essayé de prouver succinctement qu'on pouvoit multiplier, selon le besoin, les nouveautés; je vais maintenant soumettre quelques observations et quelques idées relatives aux différens genres, sous le rapport économique.

Les chefs-d'œuvre de Rameau, de Gluck, de Sacchini, firent long-temps prospérer l'Académie royale de Musique, et la danse alors, bien qu'elle eût le droit d'aînesse, n'étoit que secondaire (1). Elle le fut, pour ainsi dire, jusqu'à

---

(1) Des lettres-patentes du Roi, en date de 1661, portent l'établissement d'une *Académie royale de Danse.*

Il s'éleva alors une querelle fort singulière entre la *danse* et le *violon.* On trouve annexé à ces lettres-patentes un *Discours académique* assez original dont nous glisserons quelques lignes sous les yeux du lecteur. Le titre du discours est :

« *Discours académique pour prouver que la danse, dans sa plus noble partie, n'a* » *pas besoin des instrumens de musique, et qu'elle est en tout indépendante du* VIOLON.

» Il étoit difficile de s'imaginer que la danse et les instrumens qui avoient vécu » en bonne intelligence depuis plusieurs siècles, se pussent brouiller dans le nôtre, » où l'une et les autres sont en leur perfection.

» On avoit cru que leur société avoit été formée sur celle de l'harmonie et du » mouvement des cieux, et qu'elle devoit durer autant que le monde. »

L'académicien, après avoir vanté les nombreuses qualités requises pour être danseur, s'écrie, avec un beau mouvement oratoire :

« Les joueurs de *violon,* Messieurs, n'ont pas besoin de tout cela : ils peuvent » être *boiteux, aveugles, bossus,* sans que personne s'en scandalise. Il ne leur faut » que l'oreille et les bras pour bien jouer; et quoique la plupart de ceux qui sont » aujourd'hui dans les charges soient *fort bien faits* et honnêtes gens, ils avoueront » sans doute qu'ils pourroient avoir moins de mine, moins d'honnêteté, et ne » pas laisser d'être de fort *bons violons,* etc. etc. »

Cet extrait est littéral.

l'époque de la révolution. Par un enchaînement assez bizarre, la suppression des *maîtrises* dans les cathédrales occasionna la décadence de l'Opéra. On se rappelle que ces maîtrises étoient les pépinières de l'Académie royale de Musique; celle-ci ne pouvant plus se recruter, dégénéra. L'institution du *Conservatoire* ne lui a donné encore que peu de sujets marquans. C'est, je crois, un établissement qui fournira d'excellens musiciens, mais rarement de bons instrumens, je veux dire de belles qualités de voix. Son plus grand défaut est, selon moi, d'être situé dans la capitale.....

Après les longs et désastreux orages politiques, la nouvelle résidence d'une troupe italienne à Paris, ne contribua pas peu à faire déserter l'Opéra; la méthode et le goût changèrent totalement; on délaissa presqu'entièrement l'école française. Terpsichore profita de la petite disgrâce de sa sœur, pour s'emparer du sceptre de la Melpomène lyrique.

Dès ce moment commença, si je ne me trompe, le triomphe de la chorégraphie : de grands succès établirent son empire dont les limites furent rapidement et extraordinairement reculées. Dans le même temps on joua aussi sur les théâtres des boulevards, des pantomimes et des ballets d'action qui firent *fureur* : en sorte que tout à la fois et la ville et les faubourgs s'engouèrent du nouveau genre, ou plutôt du genre *renouvelé*.

Ce genre qu'élevèrent à un si haut degré de perfection Noverre et Dauberval, est donc aujourd'hui, grâces à leurs habiles continuateurs, en possession de plaire ; je le regarde même comme le plus ferme soutien, en ce moment, de l'Académie royale ; c'est de lui qu'elle doit attendre un produit considérable ; mais ce produit seroit infiniment plus réel, si, renonçant pour quelque temps aux sujets mythologiques excessivement dispendieux, l'Opéra offroit des ballets où l'intérêt et la richesse des détails suppléassent à l'éclat des décors et à l'art du machiniste.

Je m'explique : s'il ne s'agit que de soutenir l'Académie royale aux dépens du gouvernement, toutes ces réflexions sont futiles ; mais si le gouvernement veut soutenir l'Académie royale aux dépens du public, elles deviennent de quelqu'utilité.

L'Opéra, je le repète, renferme en soi tous les élémens de prospérité. Il n'a besoin que d'une sage économie, d'une économie invisible aux yeux du public, et d'une grande impulsion (1).

Mais si je suis persuadé que l'Académie royale peut trouver dans l'emploi de ses propres moyens, et dans les talens de son administrateur éclairé une source inépuisable de succès, et un allègement pour l'État, je suis également convaincu que, pour opérer avec promptitude une amélioration sensible dans sa situation financière, il faut lui rendre l'autorité qu'elle avoit jadis sur les petits théâtres ; il faut qu'elle exerce sur eux une surveillance active sans excès de rigidité, sans arbitraire, et d'après des réglemens établis. Il faut que les ballets-pantomimes ou ballets d'action lui soient *exclusivement* réservés : je pense même qu'à l'aide d'un riche répertoire, il seroit possible qu'en hiver, l'Opéra jouât un jour de plus par semaine, ce qui grossiroit beaucoup ses revenus.

---

(1) Je dis économie invisible aux yeux du public, parce qu'à l'Opéra, le public a droit d'être exigeant. Mais l'un des grands points de l'*économie théâtrale* en général, est de savoir tromper l'œil du spectateur ; lui offrir souvent les mêmes objets sans qu'il les reconnoisse, par la manière de les décomposer ; produire enfin de brillans effets par de simples moyens.

Les immenses magasins de l'Académie royale présentent avec profusion ces ressources. Un théâtre n'est réellement dispendieux et ruineux que lorsqu'on est forcé à tout établir, ou qu'on ne veut rien *utiliser*.

1*

Ce moyen, je le répète, n'est présenté que comme ressource *pécuniaire* : je sais qu'il offre des difficultés ; difficultés néanmoins qu'on sauroit aplanir. Les principales seroient sans doute les travaux du machiniste ; car les premiers sujets de l'Opéra, pour la danse surtout, sont nombreux, et le public ne peut les applaudir tous aussi souvent qu'il le désireroit. Ce surcroît de travail ne fatigueroit donc pas les mêmes artistes, puisqu'il seroit facile de le répartir entre la totalité. Mais les travaux du machiniste de l'Opéra ne permettent pas toujours de choisir le spectacle, ou de le varier. Il y auroit, par exemple, empêchement insurmontable à mettre *les Bardes* le mardi et *Psyché* le mercredi. Il faudroit donc destiner pour cette représentation d'*extra* des opéras simples et des ballets où la baguette de Circé et les dieux de l'Olympe céderoient la place à un intérêt soutenu, à des scènes susceptibles de causer ces vives émotions qu'on recherche parfois aujourd'hui.

Au surplus, l'heureux essai que vient de faire l'Académie royale, en offrant à la capitale la jolie production de M. Didelot, déterminera, sans doute, l'Opéra à accueillir les chorégraphes d'un talent reconnu, et qui se trouvent, soit dans nos premières villes, soit chez l'étranger. Ce concours seroit en même temps utile aux progrès de l'art, en excitant une louable émulation, et agréable au public dont il aiguillonneroit sans cesse la curiosité.

L'Opéra doit être une espèce de galerie ouverte au chorégraphe, comme au poëte et au musicien, pour y exposer le produit de son imagination ; c'est cette réunion d'arts et d'artistes, qui peut, ce me semble, justifier le titre d'*académie*.

Indépendamment des pantomimes-ballets dont les auteurs sont aujourd'hui vivans, il est un certain nombre d'ouvrages de *Dauberval* et de *Coindé*, qui n'ont jamais été représentés à Paris, et qui n'en jouissent pas moins de beaucoup de renommée : pourquoi ne mettroit-on pas aussi la capitale à même de les apprécier ? A tant de riches productions que l'on joigne encore celles que renferment les porte-feuilles des deux grands maitres (1) dont la fécondité a depuis long-temps presque suffi pour alimenter l'Académie royale, et l'on ne doutera pas un moment de la possibilité de donner, avec un avantage certain, quatre représentations de plus par mois.

Si donc ce genre, tant aimé aujourd'hui,

____

(1) Gardel et Millon.

attire une foule immense à nos petits spectacles; quelles seront les recettes d'un vaste théâtre qui, rentrant dans ses droits, aura surtout celui de représenter, sans partage, les *ballets d'action*, et qui pourra réunir encore à un tel attrait, des opéras nouveaux et d'anciens qui ne vieillissent jamais.

Toutefois les momens difficiles où nous nous trouvons me déterminent à renouveler une observation déjà faite; je crois devoir la soumettre ici à la sagesse de l'autorité.

Les sacrifices qu'exigent les besoins de l'Etat imposent des privations; de ce nombre est l'Opéra pour beaucoup d'individus, à cause du prix élevé des places : quelques-unes ne devroient-elles pas être momentanément diminuées? le parterre surtout; l'Académie royale pourroit peut-être, vu les circonstances, se rapprocher un peu des facultés d'une classe nombreuse de citoyens dont les revenus se trouvent réduits, et qui, par ce motif, s'abstenant de dépenses plus fortes, et de jouissances plus vraies, encombre des théâtres secondaires où l'on offre à si bon compte une pompe égale à celle que peut déployer l'Opéra.

Cependant il faut tout dire, cette diminution lui deviendroit fortement préjudiciable, s'il n'adoptoit un système nouveau tendant à accélérer la *mise en scène* des ouvrages, car alors il affoibliroit ses recettes sans courir aucune chance de les augmenter; mais en dirigeant l'Académie royale comme elle le seroit et comme elle le fut autrefois par un entrepreneur (1), par un homme qui chercheroit des bénéfices dans une administration vigilante, industrieuse, économe, on parviendroit bien sûrement à doubler son rapport, et à rendre même superflus les secours qu'elle reçoit de l'Etat.

En un mot, vent-on que l'Opéra cesse d'être à charge au gouvernement? il faut que ce magnifique théâtre ait une grande vogue, et non pas seulement une grande réputation.

___

(1) M. Devisme-Duvalgay, en 1777.

___

Nota. Ce chapitre n'est qu'un simple aperçu; nous aurons occasion de revenir encore sur l'Opéra.

DU THÉÂTRE FRANÇAIS.

Un homme d'esprit a dit « qu'il étoit plus
» aisé de commander vingt mille hommes que
» de gouverner une troupe de comédiens. »

On seroit quelquefois tenté de croire que le
Théâtre Français voudroit justifier ce paradoxe.
Il n'est peut-être pas de théâtre où il y ait plus
d'*ensemble* sur la scène, et moins d'union dans
les coulisses. Ces mésintelligences continuelles
nuisent essentiellement aux plaisirs du public et
aux *parts* des sociétaires, premières victimes
de ces petites dissensions. Il faut que l'amour-
propre soit bien fort dans le monde comique,
puisqu'il divise sans cesse, dit-on, ceux que
l'intérêt au moins devroit réunir. Mais je ne me
permettrai pas de plus longues réflexions; tous
ces détails doivent m'être étrangers : je veux
même ignorer qu'ils existent; je me contenterai
d'élever la voix, et de m'écrier comme tant
d'autres dans le *désert*: Par quel mauvais génie

un théâtre qui renferme tant de chefs-d'œuvre et de talens, n'est-il pas plus florissant? par quel impénétrable mystère un spectacle qui ne peut alléguer pour excuses les entraves d'un peintre ou d'un machiniste, ne donne-t-il pas plus de nouveautés? ensuite je rapporterai *en entier* le règlement du 15 octobre 1812 : je le rapporterai, parce qu'il est assez sagement conçu, et qu'il offre des moyens suffisans de donner à ce théâtre, orgueil de la nation, une brillante existence.

Décret sur la Surveillance, l'Organisation, l'Administration, la Comptabilité, la Police et la Discipline du Théâtre Français, en date du 15 octobre 1812 (1).

TITRE PREMIER. — *De la Direction et Surveillance du Théâtre français.*

« Art. 1er. Le théâtre français continuera d'être placé sous la surveillance et la direction du surintendant de nos spectacles.

---

(1) Un courtisan de Buonaparte, connoissant son goût pour les contrastes, lui fit la galanterie d'envoyer ce décret à son approbation au *Kremlin.* Buonaparte fut sensible, dit-on, à cette jonglerie. Le 15 octobre 1812, il sanctionna le réglement *d'un théâtre* sur les *cendres de Moskou.*

» 2. Un commissaire du gouvernement, nommé par nous, sera chargé de transmettre aux comédiens les ordres du surintendant. Il surveillera toutes les parties de l'administration et de la comptabilité.

» 3. Il sera chargé, sous sa responsabilité, de faire exécuter, dans toutes leurs dispositions, les réglemens et les ordres de service du surintendant.

» A cet effet, il donnera personnellement tous les ordres nécessaires.

» 4. En cas d'inexécution ou de violation des réglemens, il en dressera procès-verbal, et le remettra au surintendant.

TITRE II. — *De l'Association du Théâtre Français.*

SECTION 1re. — *De la Division en parts.*

» 5. Les comédiens de notre théâtre français continueront d'être réunis en société, laquelle sera administrée selon les règles ci-après.

» 6. Le produit des recettes, tous les frais et dépenses prélevés, sera divisé en vingt-quatre parts.

» 7. Une de ces parts sera mise en réserve, pour être affectée par le surintendant, aux besoins imprévus : si elle n'est pas employée en entier, le surplus sera distribué à la fin de l'année entre les sociétaires.

» 8. Une demi-part sera mise en réserve pour augmenter le fonds des pensions de la société.

» 9. Une demi-part sera employée annuellement en décorations, ameublemens, costumes du magasin, réparations des loges et entretien de la salle, d'après les ordres du surintendant. Les réserves ordonnées par les art. 7, 8 et 9 n'auront lieu que successivement et à mesure des vacances.

» 10. Les vingt-deux parts restantes continueront d'être réparties entre les comédiens sociétaires, depuis un huitième de part jusqu'à une part entière, qui sera le *maximum*.

» 11. Les parts ou portions de parts vacantes seront accordées ou distribuées par le surintendant de nos spectacles.

SECTION II. — *Des Pensions et Retraites.*

§. 1er. *Du temps nécessaire pour obtenir la Pension,*
et de sa quotité.

» 12. Tout sociétaire qui sera reçu, contractera l'engagement de jouer pendant vingt ans; et après vingt ans de service non interrompus, il pourra prendre sa retraite, à moins que le surintendant ne juge à propos de le retenir.

» Les vingt ans dateront du jour des débuts, lorsqu'ils auront été immédiatement suivis de l'admission à l'essai, et ensuite dans la société.

» 13. Le sociétaire qui se retirera après vingt ans, aura droit, 1°. à une pension viagère de deux mille francs, sur les fonds affectés au théâtre français par le décret du 13 messidor an X; 2°. à une pension de pareille somme sur le fonds de la société dont il est parlé à l'art. 8.

» 14. Si le surintendant juge convenable de prolonger

le service d'un sociétaire au-delà de vingt ans, il sera ajouté, quand il se retirera, cent francs de plus par an à chacune des pensions dont il est parlé à l'article précédent.

» 15. Un sociétaire qu'un accident, ayant pour cause immédiate le service de notre théâtre français ou des théâtres de nos palais, obligeroit de se retirer avant d'avoir accompli ses vingt ans, recevra en entier les pensions fixées par l'art. 13.

» 16. En cas d'incapacité de servir, provenant d'une autre cause que celle énoncée en l'art. 15, le sociétaire pourra, même avant ses vingt ans de service, être mis en retraite par ordre du surintendant.

» En ce cas, et s'il a plus de dix ans de service, il aura droit à une pension sur les fonds du gouvernement, et une sur les fonds des sociétaires; chacune de ces pensions sera de cent francs par année de service s'il étoit à part entière, de soixante-quinze francs s'il étoit à trois quarts de part, et ainsi dans la proportion de sa part dans les bénéfices de la société.

» 17. Si le sociétaire a moins de dix ans de service, le surintendant pourra nous proposer la pension qu'il croira convenable de lui accorder, selon les services rendus à la société, et les circonstances où il se trouvera.

» 18. Toutes ces pensions seront accordées par décisions rendues en notre conseil d'Etat, sur l'avis du comité, comme il a été statué pour notre Académie de de Musique, par notre décret du 20 janvier 1811.

§. II. *Des Moyens de paiement des Pensions.*

» 19. Les pensions accordées sur le fonds de cent mille francs de rente accordé par nous à notre théâtre français, seront acquittées tous les trois mois sur les fonds qui seront touchés à la caisse d'amortissement.

» 20. En cas d'insuffisance, il y sera pourvu avec la part mise en réserve pour les besoins imprévus.

» 21. Pour assurer le paiement des pensions accordées sur les fonds particuliers de la société, il sera prélevé chaque année, et mois par mois, sur la recette générale, une somme de cinquante mille francs.

» 22. Cette somme sera versée entre les mains du notaire du théâtre français, et placée par lui à mesure pour le compte de la société, selon les règles prescrites par l'art. 32.

» 23. Aucun sociétaire ne peut aliéner ni engager la portion pour laquelle il contribue au fonds de cette rente.

» 24. A la retraite de chaque sociétaire ou à son décès, le remboursement du capital de cette retenue sera fait à chaque sociétaire ou à ses héritiers, au prorata de ce qu'il y aura contribué.

» 25. Tout sociétaire qui quittera le théâtre sans en avoir obtenu la permission du surintendant, perdra la somme pour laquelle il aura contribué, et n'aura droit à aucune pension.

» 26. Jusqu'à ce qu'au moyen des dispositions ci-dessus, une rente de cinquante mille francs soit entièrement constituée, les pensions de la société seront payées tant sur les intérêts des fonds mis en réserve, que sur les recettes générales de chaque mois.

» 27. Quand la rente sera constituée, s'il y a de l'excédant après le paiement annuel des pensions, il en sera disposé pour l'avantage de la société, avec l'autorisation du surintendant.

SECTION III. — *De la Retraite des Acteurs aux appointemens et Employés.*

» 28. Après vingt ans ou plus de service non interrompus par un acteur ou une actrice aux appointemens, après dix ans de service seulement en cas d'infirmités, enfin en cas d'accident, comme il est dit pour les sociétaires, art. 15, le surintendant pourra nous proposer d'accorder, moitié sur le fonds de cent mille francs, moitié sur celui de la société, une pension, laquelle, tout compris, ne pourra excéder la moitié du traitement dont l'acteur ou l'actrice aura joui les trois dernières années de son service.

» 29. Le commissaire du gouvernement pourra aussi obtenir une retraite ou pension d'après les règles établies en l'art. 28; mais elle sera payée en entier sur le fonds de cent mille francs.

TITRE III.

SECTION Ire. — *De l'Administration des intérêts de la Société.*

» 30. Un comité composé de six hommes membres de la société, présidé par le commissaire du gouvernement, et ayant un secrétaire pour tenir registre des délibérations, sera chargé de la régie et administration des intérêts de la société.

» Le surintendant nommera, chaque année, les membres de ce comité.

» Ils seront indéfiniment rééligibles.

» Trois de ces membres seront chargés de l'expédition de ses résolutions.

» 31. Le surintendant pourra les révoquer et remplacer à volonté.

» 32. Les fonctions de ce comité seront particulièrement,

» 1°. De dresser, chaque année, le budget ou état présumé des dépenses de tout genre, de le soumettre à l'examen de l'assemblée générale des sociétaires et à l'approbation du surintendant ;

» 2°. D'ordonner et faire acquitter, dans les limites portées au budget pour chaque nature de dépense, celles qui seront nécessaires pour toutes les parties du service ; à l'effet de quoi, un de ses membres sera préposé à la signature des ordres de fourniture ou de travail, et des mandats de paiement ;

» 3°. De la passation de tous marchés, obligations pour le service, ou actes pour la société ;

» 4°. D'inspecter, régler et ordonner dans toutes les parties de la salle, du théâtre, des magasins, etc. ;

» 5°. De vérifier les recettes, d'inspecter la caisse, et de faire effectuer le paiement des parts, traitemens, pensions ou sommes mises en réserve selon le présent réglement ;

» 6°. D'exercer pour tous recouvremens, ou en tout autre cas, tant en demandant qu'en défendant, toutes les actions et droits de la société, après avoir toutefois pris l'avis de l'assemblée générale et l'autorisation du surintendant.

Section II. — *Des Dépenses, Paiemens, et de la Comptabilité.*

» 33. Le caissier sera nommé par le comité, et soumis à l'approbation du surintendant.

» Il fournira en immeubles un cautionnement de soixante mille francs, dont les titres seront vérifiés par le notaire du théâtre, qui fera faire tous les actes conservatoires au nom de la société.

» 34. A la fin de chaque mois, les états de recette et dépense seront arrêtés par le comité, et approuvés par le commissaire du gouvernement.

» 35. D'après cet arrêté et cette approbation, seront prélevés sur la recette, d'abord les droits d'auteur, ensuite toutes les dépenses, 1°. pour appointemens d'acteurs, traitemens d'employés ou gagistes ; 2°. la somme prescrite pour le fonds des pensions de la société ; 3°. le montant des mémoires, tant pour dépenses courantes que fournitures extraordinaires.

» 36. Le reste sera partagé conformément aux articles 6, 7, 8, 9 et 10.

» 37. Le caissier touchera, tous les trois mois, à la caisse d'amortissement, le quart des cent mille francs de rente affectés au théâtre français, et soldera, avec ces vingt-cinq mille francs, et, au besoin, avec le produit de la part dont il est parlé à l'article 7, sur des états dressés par le commissaire du gouvernement, et arrêtés par le surintendant, 1°. les pensions des acteurs retirés ou autres pensionnaires ; 2°. les indemnités pour supplément d'appointemens accordés aux acteurs ; 3°. le traitement du commissaire du gouvernement ; 4°. le loyer de la salle.

» 38. A la fin de chaque année, le caissier dressera le compte des recettes et dépenses, pour les fonds de la société.

» 39. Ce compte sera remis au comité, qui l'examinera et donnera son avis.

» Il sera présenté ensuite à l'assemblée générale des sociétaires, qui pourra nommer une commission de trois de ses membres, pour le revoir, et y faire des observations, s'il y a lieu, dans une autre assemblée générale.

» Enfin, le compte sera soumis au surintendant, qui l'approuvera, s'il y a lieu.

» 40. Le caissier dressera également le compte des cent mille francs accordés par le gouvernement, et des parts mises à la disposition du surintendant. Ce compte sera visé par le commissaire du gouvernement, et arrêté par le surintendant.

» 41. Sur la part réservée aux besoins imprévus, il pourra être accordé par le surintendant, aux acteurs ou actrices qui se trouveroient chargés de dépenses trop considérables de costumes ou de toilette, une autorisation pour se faire faire par le magasin les habits pour jouer un ou plusieurs rôles.

SECTION III. — *Des Assemblées générales.*

» 42. L'assemblée générale de tous les sociétaires est convoquée nécessairement par le comité, et a lieu pour les objets suivans :

» 1°. Au plus tard dans la première semaine du dernier mois de l'année, pour examiner et donner son avis sur le budget de l'année suivante, conformément au paragraphe premier de l'art. 32;

» 2°. Au plus tard dans la dernière semaine du premier mois de chaque année, pour examiner le compte de l'année précédente, et ensuite pour entendre le rapport de la commission, s'il y en a eu une nommée.

» 43. L'assemblée générale doit être, en outre, convoquée par le comité toutes les fois qu'il y aura lieu à placement de fonds, actions à soutenir, en défendant ou demandant, dépenses à faire excédant celles autorisées par le budget ; cas auquel l'assemblée générale doit donner son avis : après quoi, le surintendant décide, après avoir vu l'avis du conseil, dont il est parlé au titre 7.

» 44. L'assemblée générale peut, au surplus, être convoquée par ordre du surintendant, quand il juge nécessaire de la consulter, ou avec son autorisation, si le comité la demande, pour tous les cas extraordinaires ou imprévus.

TITRE IV. — *De l'Administration théâtrale.*

Section Ire. — *Disposition générale.*

» 45. Le comité, établi par l'art. 30, sera également chargé de tout ce qui concerne l'administration théâtrale, la formation des répertoires, l'exécution des ordres de début, la réception des pièces nouvelles, sous la surveillance du commissaire du gouvernement et l'autorité du surintendant.

Section II. — Des Répertoires.

§ 1er. — De la Distribution des Emplois.

» 46. Le surintendant déterminera, aussitôt la publication du présent réglement, la distribution exacte des différens emplois.

» Il fera dresser, en conséquence, un état général de toutes les pièces, soit sues, soit à remettre, avec les noms des acteurs et actrices sociétaires qui doivent jouer en premier, en double et en troisième, les rôles de chacune de ces pièces, selon leur emploi et leur ancienneté, afin qu'il n'y ait plus aucune contestation à cet égard.

» 47. Nul acteur ou actrice ne pourra tenir en premier deux emplois différens, sans une autorisation spéciale du surintendant, qui ne l'accordera que rarement, et pour de puissans motifs.

» 48. Si un acteur ou actrice, tenant un emploi en chef, veut jouer dans un autre; par exemple, si, tenant un emploi tragique, il veut jouer dans la comédie, ou si, jouant les rôles de jeune premier, il veut jouer un autre emploi, il ne pourra primer celui qui tenoit l'emploi en chef auparavant; mais il tiendra ledit emploi en second, quand même il seroit plus ancien que son camarade.

» Notre surintendant pourra seulement l'autoriser à jouer les rôles du nouvel emploi qu'il voudra prendre, alternativement avec celui qui les jouoit en chef ou en premier.

§. 2. — *De la Formation du Répertoire.*

» 49. Le répertoire sera formé dans le comité établi par l'art. 30, auquel seront adjointes, pour cet objet seulement, deux femmes sociétaires, conformément à l'arrêt du conseil du 9 décembre 1780.

» 50. Les répertoires seront faits de manière que chaque rôle ait un second ou double désigné, qui puisse jouer à défaut de l'acteur en premier, s'il y a des excuses valables, et sans que, pour cause de l'absence d'un ou plusieurs acteurs en premier, la pièce puisse être changée ou sa représentation retardée.

» 51. Pour veiller à l'exécution du répertoire, deux sociétaires seront adjoints au comité, sous le titre de *semainiers*; chaque sociétaire sera semainier à son tour.

» 52. Si un double, étant chargé d'un rôle par le répertoire, tombe malade, le chef, se portant bien, sera tenu de le jouer, sur l'avis que lui en donnera le semainier.

» 53. Un acteur en chef ne pourra refuser de jouer ni abandonner tout-à-fait à son double aucun des premiers rôles de son emploi; il les jouera, bons ou mauvais, quand il sera appelé par le répertoire.

» 54. Aucun acteur en chef ne pourra se réserver un ou plusieurs rôles de son emploi. Le comité prendra les mesures nécessaires pour que les doubles soient entendus par le public, dans les principaux rôles de leurs emplois respectifs, trois ou quatre fois par mois.

» Il veillera également à ce que les acteurs à l'essai soient mis à portée d'exercer leurs talens, et de faire juger leurs progrès.

» Les acteurs jouant les rôles en second pourront ré-clamer en cas d'inexécution du présent article ; et le surintendant donnera des ordres sans délai, pour que le comité s'y conforme, sous peine, envers l'acteur en chef opposant et chacun des membres du comité qui n'y auront pas pourvu, d'une amende de trois cents francs.

» Notre commissaire près le théâtre sera responsable de l'inexécution du présent article, s'il n'a dressé pro-cès-verbal des contraventions, à l'effet d'y faire pourvoir par le surintendant, et de faire payer les amendes.

» 55. Nos comédiens seront tenus de mettre tous les mois un grand ouvrage, ou du moins deux petits ou-vrages, nouveaux ou remis.

» Dans le nombre de ces pièces seront des pièces d'auteurs vivans.

» Il est enjoint au comité et au surintendant de tenir la main à l'exécution de cet article.

» 56. Les assemblées des samedis de chaque semaine continueront d'avoir lieu ; et tous les acteurs seront tenus de s'y trouver pour prendre communication du répertoire.

» Il continuera d'être délivré des jetons aux acteurs présens.

» 57. Tous acteurs ou actrices pourront faire des observations, et demander des changemens au réper-toire pour des motifs valables, sur lesquels il sera statué provisoirement par le commissaire du gouver-nement, et définitivement par le surintendant.

» 58. Le répertoire se fera, la première fois, pour

quinze jours. Il en sera envoyé copie au préfet de police.

» Le samedi d'après, se fera celui de la semaine ensuivant, et ainsi successivement.

» 59. Quand le répertoire aura été réglé, chacun sera tenu de jouer le rôle pour lequel il aura été inscrit, à moins de causes légitimes approuvées par le comité présidé par le commissaire du gouvernement, et dont il sera rendu compte au surintendant, sous peine de cent cinquante francs d'amende.

» 60. Si un acteur, ayant fait changer la représentation pour cause de maladie, est aperçu dans une promenade, un spectacle, ou s'il sort de chez lui, il sera mis à une amende de trois cents francs.

Section III. — *Des Débuts.*

» 61. Le surintendant donnera seul les ordres de début sur notre théâtre français. Les débuts n'auront pas lieu du 1er novembre jusqu'au 15 avril.

» 62. Ces ordres seront présentés au comité, qui sera tenu de les enregistrer, et de mettre au premier répertoire les trois pièces que les débutans demanderont.

» 63. Le surintendant pourra appeler pour débuter, les élèves de notre Conservatoire, ceux de maîtres particuliers, ou les acteurs des autres théâtres ; auquel cas, leurs engagemens seront suspendus, et rompus s'ils sont admis à l'essai.

» 64. Les acteurs et actrices qui auront des rôles dans ces pièces, ne pourront refuser de les jouer, sous peine de cent cinquante francs d'amende.

« 65. On sera obligé indispensablement à une répétition entière pour chaque pièce où les débutans devront jouer, sous peine de vingt-cinq francs d'amende pour chaque absent.

« 66. Le comité proposera ensuite d'autres rôles à jouer par le débutant; et le surintendant en déterminera trois que le débutant sera tenu de jouer après des répétitions particulières et une répétition générale, comme il est dit à l'art. 65.

« 67. Les débutans qui auront eu des succès et annoncé des talens, seront reçus à l'essai au moins pour un an, et ensuite comme sociétaires par le surintendant, selon qu'il le jugera convenable.

TITRE V. — *Des Pièces nouvelles et des Auteurs.*

« 68. La lecture des pièces nouvelles se fera devant un comité de neuf personnes choisies parmi les plus anciens sociétaires, par le surintendant, qui nommera en outre trois suppléans pour que le nombre des membres du comité soit toujours au complet.

« 69. L'admission a lieu à la pluralité absolue des voix.

« 70. Si une partie des voix est pour le renvoi à correction, on refait un tour de scrutin sur la question du renvoi, et on vote par oui ou non.

« 71. S'il n'y a que quatre voix pour le renvoi à correction, la pièce est reçue.

« 72. La part d'auteur dans le produit des recettes, le tiers prélevé pour les frais, est du huitième pour une pièce en cinq ou en quatre actes, du douzième pour une pièce en trois actes, et du seizième pour une pièce en un et en deux actes : cependant les auteurs et les comédiens peuvent faire toute autre convention de gré à gré.

» 73. L'auteur jouit de ses entrées, du moment où sa pièce est mise en répétition, et les conserve trois ans après la première représentation, pour un ouvrage en cinq ou en quatre actes, deux ans pour un ouvrage en trois actes, un an pour une pièce en un ou deux actes. L'auteur de deux pièces en cinq ou en quatre actes, ou de trois pièces en trois actes, ou de quatre pièces en un acte, restées au théâtre, a ses entrées sa vie durant.

TITRE VI. — *De la Police.*

» 74. La présidence et la police des assemblées, soit générales, soit des divers comités, sont exercées par le commissaire du gouvernement.

» 75. Tout sujet qui manque à la subordination envers ses supérieurs, qui, sans excuses jugées valables, fait changer le spectacle indiqué sur le répertoire, ou refuse de jouer soit un rôle de son emploi, soit tout autre rôle qui peut lui être distribué pour le service des théâtres de nos palais, ou qui fait manquer le service en ne se trouvant pas à son poste aux heures fixées, est condamné, suivant la gravité des cas, à l'une des peines suivantes.

» 76. Ces peines sont les amendes, l'exclusion des assemblées générales des sociétaires et du comité d'administration ; l'expulsion momentanée ou définitive du théâtre, la perte de la pension et les arrêts.

» 77. Les amendes au-dessous de vingt-cinq francs
ont prononcées par le comité, présidé par le commis-
aire du gouvernement.

» L'exclusion des assemblées générales et du comité
administration peut l'être de la même manière; mais
commissaire du gouvernement est tenu de rendre
ompte des motifs au surintendant.

» Le commissaire du gouvernement qui aura requis
comité d'infliger une peine, en instruira, en cas de
efus, le surintendant, qui prononcera.

» 78. Les amendes au-dessus de vingt-cinq francs et
s autres punitions sont infligées par le surintendant,
r le rapport motivé du commissaire du gouverne-
ent.

» L'expulsion définitive n'aura lieu que dans les cas
raves, et après avoir pris l'avis du comité.

» 79. Aucun sujet ne peut s'absenter sans la permis-
on du surintendant.

» 80. Les congés sont délivrés par le surintendant,
ui n'en peut pas accorder plus de deux à la fois, ni
our plus de deux mois : ils ne peuvent avoir lieu que
epuis le premier mai jusqu'au premier novembre.

» 81. Tout sujet qui, ayant obtenu un congé, en
utre-passe le terme, paye une amende égale au pro-
uit de sa part, pendant tout le temps qu'il aura été
bsent du théâtre.

» 82. Lorsqu'un sujet, après dix années de service,
ura réitéré pendant une année la demande de sa retraite,
t qu'il déclarera qu'il est dans l'intention de ne plus
ouer sur aucun théâtre, ni français, ni étranger, sa
etraite ne pourra lui être refusée; mais il n'aura droit

3

à aucune pension, ni à retirer sa part du fonds ann
de cinquante mille francs.

TITRE VII. *Dispositions générales.*

» 83. Les comédiens français ne pourront se dispe
ser de donner tous les jours spectacle, sans une auto
sation spéciale du surintendant, sous peine de paye
pour chaque clôture, une somme de cinq cents fran
qui sera versée dans la caisse des pauvres, à la diliger
du préfet de police.

» 84. Tout sociétaire ayant trente années de serv
effectif, pourra obtenir une représentation à son b
néfice, lors de sa retraite : cette représentation
pourra avoir lieu que sur le théâtre français, confo
mément à notre décret du 29 juillet 1807.

» 85. Tout sujet retiré du théâtre français ne pou
reparoître sur aucun théâtre, soit de Paris, soit c
départemens, sans la permission du surintendant.

» 86. Toutes les affaires contentieuses seront so
mises à l'examen d'un conseil de jurisconsultes, et
ne pourra faire aucune poursuite judiciaire au nom
la société sans avoir pris l'avis du conseil.

» Ce conseil restera composé ainsi qu'il l'est aujou
d'hui, et sera réduit à l'avenir, par mort ou démissio
au nombre de trois jurisconsultes, deux avoués, et
notaire du théâtre.

» En cas de vacance, la nomination se fera par
comité, avec l'agrément du surintendant.

» 87. Le surintendant fera les réglemens qu'il juge

nécessaires pour toutes les parties de l'administration intérieure.

» 88. Les décrets des 29 juillet et 1ᵉʳ novembre 1807 sont maintenus en tout ce qui n'est pas contraire aux dispositions ci-dessus.

TITRE VIII.—*Des Elèves du Théâtre Français.*

§ 1ᵉʳ. *Nombre, Nomination, Instruction et Entretien des Elèves.*

» 89. Il y aura, à notre Conservatoire, dix-huit élèves pour notre théâtre français, neuf de chaque sexe.

» 90. Ils seront désignés par notre ministre de l'intérieur : ils seront âgés au moins de quinze ans.

. » 91. Ils seront traités au Conservatoire comme les autres pensionnaires qui y sont admis pour le chant et la tragédie lyrique.

» 92. Ils pourront suivre les classes de musique; mais ils seront plus spécialement appliqués à l'art de la déclamation, et suivront exactement les cours des professeurs, selon le genre auquel ils seront destinés.

» 93. A cet effet, indépendamment des professeurs, il y aura pour l'art dramatique deux répétiteurs d'un genre différent, lesquels feront répéter et travailler les élèves, chaque jour, dans les intervalles des classes, à des heures qui seront fixées.

» 94. Il y aura, en outre, un professeur de grammaire, d'histoire et de mythologie appliquées à l'art dramatique, lequel enseignera spécialement les élèves destinés au théâtre français.

» 95. Les élèves seront examinés tous les ans par les professeurs et le directeur du Conservatoire; et il sera

rendu compte du résultat à notre ministre de l'intérieu[r]
et au surintendant des théâtres.

» 96. Les élèves qui ne donneroient pas d'espérance[s]
ne continueront pas leurs cours, et il seront remplacé[s]

» 97. Ceux qui ne seroient pas encore capables d[e]
débuter sur notre théâtre français, pourront, avec [la]
permission du surintendant, s'engager pour un tem[ps]
au théâtre de l'Odéon, ou dans les troupes des dépar[-]
temens.

» 98. Ceux qui seront jugés capables de débute[r]
pourront recevoir du surintendant un ordre de débu[t]
et être, selon leurs moyens, mis à l'essai au moin[s]
pendant un an, et ensuite admis comme sociétaires[,]
comme il est dit art. 67.

§. 2. *Des Dépenses pour les Elèves de l'Art dramatique.*

» 99. La dépense pour chacun des élèves est fixée [à]
onze cents francs ;

» Le traitement pour chacun des répétiteurs, à deu[x]
mille francs;

» Le traitement du professeur, à trois mille francs.

» 100. En conséquence, notre ministre de l'intérieu[r]
disposera, sur le fonds des dépenses imprévues de so[n]
ministère, d'une somme de vingt-six mille huit cen[s]
francs en sus de celle allouée pour notre Conservatoi[re]
de Musique.

» 101. Nos ministres de l'intérieur, etc. »

L'art. 55 de ce réglement (réglement qu[i]
laisse, comme on le voit, peu de changemen[s]

et d'additions à introduire) est sans doute le plus important de tous.

« Nos comédiens seront tenus de mettre tous les
» mois *un grand ouvrage*, ou du moins *deux petits*
» *ouvrages* nouveaux, ou remis.
» Dans le nombre de ces pièces seront des pièces
» *d'auteurs vivans.* »

Cet article doit être la boussole des sociétaires : s'ils le suivent exactement, ils vogueront à travers les écueils. En vain les vents contraires *diviseront* la flotte, le port sera toujours là.

Mais espérons, au surplus, que la *paix générale* aura quelqu'influence aussi sur le Théâtre-Français ; espérons qu'incessamment toutes guerres intestines cesseront entre Melpomène et Thalie ; espérons enfin que les prêtres de leur temple ne sacrifieront plus à l'inimitié, à la discorde, à l'envie ; mais désormais à l'union, à la perfection de l'art, à la gloire de la scène française, dont le trésor leur est confié, et dont ils savent si habilement étaler les richesses.

Nota. On a bien quelque raison d'être étonné de trouver souvent si peu de spectateurs au Théâtre Français, dans la saison des spectacles.

En 1813, Buonaparte fit venir à Dresde presque tous les premiers sujets. Quinze à dix-huit partirent ; il ne resta, je crois, de sociétaires que Lafond, Damas et Mlle Leverd.

Au milieu d'un été brûlant, dans les mois arides de juin, juillet et août, sans une seule nouveauté, et uniquement avec un choix heureux de pièces remises, ensevelies depuis vingt ans, la troupe incomplète laissée à Paris, afin de ne pas fermer la salle (crut-on d'abord), la remplit si fréquemment, qu'il en résulta pour la Comédie Française une grande surprise à son retour : c'est qu'au lieu d'un déficit à combler, elle n'eut d'autre chagrin que celui de recevoir de la *double* troupe presque de doubles parts.

3*

DU THÉATRE DE L'OPÉRA-COMIQUE.

CE théâtre, si florissant sous le titre de théâtre *Feydeau*, et qui dut son éclat aux talens administratifs de M. Sageret alors entrepreneur, a presque totalement changé de physionomie ; on n'a point encore oublié quelle étoit la magnificence que l'on remarquoit dans les représentations de *Roméo*, de *Lodoïska*, de *Médée*, de *Télémaque*, etc. ; ce spectacle excita vivement alors la jalousie du théâtre Favart et même de l'Opéra ; ce fut le premier qui offrit à Paris, depuis *Servandoni*, un luxe de décorations aussi grand, et des effets d'optique et de catoptrique aussi merveilleux.

La perte de la célèbre madame *Scio* sembla entraîner celle du théâtre Feydeau, auquel vinrent se joindre bientôt les sociétaires de la salle Favart. On pensoit que cette réunion de talens distingués, seroit des plus heureuses : mais elle ne répondit pas entièrement à l'attente générale.

D'un côté, la rivalité si nécessaire à l'émulation, cessa d'exister ; de l'autre, le répertoire du théâtre Favart produisit moins d'effet, bien qu'il fût joué par les mêmes acteurs et quelquefois aussi par ceux du théâtre Feydeau, également chéris du public.

L'objet le plus important est celui auquel on a le moins songé; c'est qu'en changeant de genre, le théâtre Feydeau devoit changer son cadre. Qu'on ne s'y trompe point ; la dimension du cadre influe beaucoup sur le succès des ouvrages: le genre doit être en harmonie avec elle. On étoit accoutumé à voir à Feydeau des décors magnifiques, de la plus grande fraîcheur, même pour les petites pièces ; la chaumière de *Rose et Colas*, et la mazure des *Deux Chasseurs* parurent bien mesquins après de si brillans tableaux.

L'opéra-comique, proprement dit, exclut le faste, et n'aime point une trop vaste enceinte : c'est un jeune pâtre qu'il faut voir dans le coin d'une prairie, dans le carrefour d'un hameau, mais dont les manières paroissent fort gauches dans un palais somptueux ou un salon doré.

Je ne regarde point comme opéras comiques, c'est-à-dire comme du *véritable* genre de l'Opéra-Comique, les pièces de boudoir ou d'antichambre que l'on représente depuis plusieurs années : ce sont des *comédies* mêlées de chants, comédies pétillantes d'esprit, il est vrai ; mais il y a loin pourtant de ce genre à celui qu'on jouoit *aux Italiens* ; ce n'est pas là l'opéra-comique de *Favart*.

Mon avis est donc qu'on a fait tout le contraire de ce qui pouvoit conserver le vrai genre de l'Opéra-Comique, en réunissant le théâtre Favart à celui de Feydeau. C'est Feydeau qu'il falloit réunir à Favart. Le public, accoutumé au genre du second, eût oublié celui du premier, qu'une scène spacieuse lui rappelle souvent et lui fait regretter quelquefois. La sage économie que les sociétaires ont dû apporter ensuite dans leur administration, rend encore plus apparente aujourd'hui la disproportion du genre avec le cadre. L'orchestre est diminué, les choristes moins nombreux, les décors n'offrent plus en général que les traces de la splendeur. L'ancien genre de l'Opéra-Comique et le *nouveau* n'exigeant aucun appareil théâtral, on a pu faire ces réductions. Mais je le dis encore, Feydeau en rétrécissant son genre, auroit dû rétrécir son cadre : rien n'est plus contraire à l'illusion de la scène, et par conséquent aux ouvrages, que de voir *trois* ou *quatre* personnages s'agiter dans l'espace ; l'œil les cherche, les perd ; le jeu de physionomie est nul ; les gestes, insignifians, les moyens des acteurs s'épuisent sans profit pour leur réputation : tout est dans le vide ; l'action paroît lente, et malgré lui, le public est froid : or, quand on triomphe de tous ces obstacles, on peut se flatter d'avoir obtenu un double succès.

La salle et le théâtre Favart offrent pour l'opéra-comique autant d'avantages que celle de Feydeau présente d'inconvéniens (je ne parle pas de la construction de cette dernière qui est extrêmement vicieuse (1); il y auroit peut-être un moyen de concilier l'intérêt des sociétaires avec la conservation du genre et les plaisirs du public , ce seroit d'opérer aujourd'hui la réunion de l'Opéra-Comique et de l'*Opéra-Italien* à la salle Favart, de telle sorte qu'ils alternassent sans distinction de jours, ou bien qu'ils jouassent ensemble chaque soir, recettes et dépenses devenant alors communes. Je vais développer cette idée, et démontrer qu'une telle jonction ne pourroit qu'être fort avantageuse aux deux théâtres.

D'abord, même loyer, mêmes choristes, même orchestre, mêmes employés, etc., tous les frais partagés seroient infiniment moins lourds pour chaque administration ; mais allons plus loin :

Lorsqu'une pièce réussit à l'Opéra-Comique , la donne-t-on tous les jours ? Non, ce n'est point

----

(1) L'emplacement en est cause.

l'usage : on ne la joue que d'un jour l'un : le
lendemain de la pièce nouvelle on donne un
spectacle usé ou joué par les doubles, parce que
les premiers sujets remplissant les rôles dans la
nouveauté ont besoin de repos. Si l'on a fait hier
quatre mille francs nets, aujourd'hui l'on fait cinq
à six cents francs ; il faut ajouter aux frais jour-
naliers: ainsi, au lieu d'avoir mis en caisse quatre
mille francs la veille, vous n'avez réellement en-
caissé que deux mille à deux mille cinq cents
francs ; beaucoup moins encore , par exemple
en été , où les recettes sont presque nulles les
jours où l'on ne donne pas la pièce en vogue
ainsi donc , il n'y a ordinairement à l'Opéra-
Comique, que *quinze* jours de recette sur *trente*
il ne faut pas moins payer les frais pour un mois.

Une réunion avec l'Opéra-Italien n'offriroit
à l'Opéra - Comique que des représentations
assurées, en alteruant hiver comme été. Mais s'il
paroissoit convenable de confondre pour ainsi
dire, les deux genres, mélange des plus attrayans
pour le public qui verroit dans une même soirée
un opéra français et un opéra italien , je ne
crains pas d'avancer que ce théâtre seroit, de
tout Paris , celui qui attireroit le plus constamment la foule.

DE L'OPÉRA ROYAL ITALIEN.

L'UN des bienfaits de Sa Majesté est sans doute d'avoir daigné conserver à la capitale un *Opéra buffa et seria.* Non-seulement ce spectacle est un précieux ornement pour notre grande cité, mais son utilité est constante pour l'art musical. C'est une école où les jeunes compositeu s français vont former leur goût, puiser d'excellens principes, et saisir la bonne méthode.

L'opéra italien, indépendamment de sa haute renommée, à des droits bien justement acquis pour prendre rang parmi nos grands spectacles. Ce fut le *premier théâtre consacré au chant* établi dans la capitale, et même en France.

On se rappelle que le cardinal de Mazarin, en 1647, fit venir une troupe d'Italie, et qu'elle représenta un opéra dont le succès fût tel, qu'on s'occupa sur-le-champ de composer des opéras français.

Pierre Perrin, introducteur des ambassadeurs

de Gaston , duc d'Orléans , donna la première
pièce de ce genre en notre langue.

L'année 1669 , il obtint des lettres-patentes qui
lui permirent de créer à Paris et dans les autres
villes du royaume des académies de musique.

Perrin céda ensuite son privilége à Lully,
lequel obtint de nouvelles lettres-patentes pour
organiser et diriger l'Académie royale.

On doit donc , en quelque sorte, regarder
l'opéra italien comme le *fondateur* de l'opéra
français.

Si cet ouvrage étoit consacré à louer le grand
talent , un chapitre appartiendroit en entier à
l'inimitable cantatrice qui dirige ce théâtre , et
dont les efforts sont continuels pour mériter les
suffrages d'un public qu'elle ne se lasse point
d'étonner ; mais notre plan nous prive d'un si
doux plaisir : or, nous renfermant dans le cercle
tracé , nous sommes contraints à ne point parler
de la célébrité de madame Catalani , nous
sommes forcés à ne pas dire un mot de sa fou-
droyante réputation.

Après avoir tenté de démontrer combien seroit avantageuse pour l'Opéra-Comique sa jonction avec l'Opéra-Buffa , j'ajouterai ici quelques
considérations qui sont particulières à l'Opéra
royal Italien. L'opéra buffa est enchanteur ; le

charme qu'il procure est souvent inexpri-
mable ; mais l'opéra séria n'a pas un moindre
empire : son *grandiose* électrise, il transporte,
il ravit.

Ce genre ne peut être négligé par madame
Catalani, à laquelle il convient parfaitement,
sous plus d'un rapport, et qu'elle joue avec
tant de succès : l'opéra séria exige beaucoup
de pompe ; la réunion que je propose donneroit
à l'opéra séria tout l'éclat dont il est susceptible,
et qui même lui est nécessaire, car alors elle
faciliteroit les moyens d'attacher à ce spectacle
un corps de ballet qui serviroit également à
l'Opéra-Comique. Jadis il y avoit de la danse
au *théâtre italien* : presque tous les ouvrages en
trois actes étoient *ornés de divertissemens* ; ce
ne seroit donc point une innovation.

Ce ballet dont la dépense se trouveroit d'ail-
eurs partagée, pourroit être fort peu dispendieux, si le gouvernement autorisoit les deux
théâtres réunis, à le composer *d'élèves de
l'Opéra* : d'où il résulteroit à la fois et un
avantage pour l'Académie royale dont les
élèves, sous les yeux du public, feroient des
progrès plus rapides, et la facilité de déployer

3*

un grand appareil dans l'opéra séria, et enfin un embellissement souvent indispensable pour un grand nombre d'opéras comiques ou *buffa* (1).

---

(1) Tous ceux qui voient *Aline, reine de Golconde*, à Bordeaux, ont peine à concevoir que le second acte de cette pièce puisse être joué *sans ballet* à Paris.

Quel seroit encore le succès de cet ouvrage et de beaucoup d'autres, remis avec des divertissemens ? Combien aussi l'Opéra-Buffa emploieroit parfois utilement la danse ?

Il est un fait : Depuis plusieurs années, le public est habitué à voir un spectacle brillant sur les derniers théâtres. Il lui semble souvent étrange de ne point trouver suffisamment dans quelques grands, ce qu'on lui offre avec prodigalité dans quelques petits.

Que l'on joue *Athalie* sans pompe, on ira trois fois ; qu'on la représente avec ses chœurs et des ballets, elle aura un très grand nombre de représentations.

Je ne prétends pas dire qu'il faille abuser de cet accessoire ; mais il est des pièces auxquelles ce secours prêteroit un double attrait, particulièrement à celles de l'opéra-comique et de l'opéra italien.

Molière même n'a point dédaigné une certaine pompe théâtrale dans plusieurs de ses ouvrages.

DE L'ODÉON, THÉATRE ROYAL.

ON n'est point d'accord sur le genre qui peut affermir la prospérité de ce beau théâtre : pour moi je suis de l'avis de ceux qui pensent que, vu l'éloignement de l'Odéon, la comédie *seule* ne doit lui donner qu'une existence précaire.

C'est l'unique théâtre de Paris auquel une réunion de genres seroit nécessaire, je dis plus, indispensable ; mais il y auroit peut-être un moyen de faire tourner au profit de l'art, cette réunion.

D'après le règlement du 25 avril 1807, l'Odéon est *annexe* du Théâtre-Français pour la *comédie* et le *drame* : ne pourroit-il pas l'être aussi pour la *tragédie ?* ne pourroit-on pas le rendre également annexe du théâtre Feydeau, pour *l'opéra comique en un acte* seulement ?

L'Odéon deviendroit alors une *école royale* pour les élèves destinés à nos grands théâtres, et une *scène d'essai* pour les jeunes compositeurs et les jeunes auteurs comiques et tragiques.

On se plaint de la rareté de ces derniers ; voici ce qui rend leur nombre si petit.

Un jeune littérateur, se livrant à la carrière dramatique , est épouvanté par les obstacles à surmonter pour être reçu , et principalement pour être joué au Théâtre-Français. Le Théâtre-Français , de son côté , ne doit point accepter de pièces qui lui paroissent foibles ; il en résulte qu'un débutant qui , s'il eût été encouragé, stimulé par un demi-succès, auroit pu donner ensuite un excellent ouvrage , ne sait se résoudre à sacrifier aux hasards d'une réception, deux ou trois années de travail ; il aime beaucoup mieux faire des opéras comiques ou des vaudevilles , parce qu'il espère jouir plus promptement. En général la multiplicité de genres a rendu stérile la scène française.

Une *annexe* du Théâtre-Français pour la tragédie surtout, genre malheureusement trop abandonné, me paroîtroit donc être d'une grande utilité ; ce seroit un concours où le talent naissant viendroit s'essayer, et où il trouveroit de l'émulation ; les dégoûts et les entraves étouffent le génie.

Je voudrois encore qu'une tragédie ou une comédie, ayant obtenu à l'Odéon des suffrages unanimes, fût, au bout d'un temps prescrit, admise au répertoire du Théâtre-Français ; cette faveur particulière, cet espoir flatteur exciteroient incontestablement beaucoup d'auteurs à porter des productions à l'Odéon, qui deviendroit, si je puis m'exprimer ainsi, et *l'atelier* de l'art, et celui de l'artiste.

Il me semble qu'un tel établissement seroit fort précieux ; il fourniroit de bonnes pièces et de bons acteurs.

Si ce projet présente des obstacles, des inconvéniens que je n'entrevois pas, je l'avoue, le *drame* sera d'un secours indispensable pour l'Odéon.

Un spectacle *isolé* qui n'offre qu'un seul genre, quelque varié que soit le répertoire, finit par paroître trop uniforme, lorsque ce genre n'admet point de chant ; une comédie semblera infiniment plus gaie, les situations seront senties bien plus vivement après une pièce d'une teinte rembrunie ; le drame doit être à l'Odéon ce que l'ombre est à un tableau.

Mais alors, en bornant ce théâtre à la comédie et au drame, il faut qu'il jouisse pleinement de ses droits : voilà l'un des cas où la distinction et la répartition des genres feroient sentir leur utilité. Je vais citer un exemple des abus qui résultent de leur confusion.

La *Pie Voleuse* a rempli les coffres du caissier d'un de nos théâtres secondaires ; pourtant la *Pie Voleuse* n'est point un mélodrame, c'est un *drame* auquel on a entremêlé de la musique pour le *mélodramiser* (1). Or, comme *drame*, cette pièce appartenoit à l'Odéon ; elle ne pouvoit manquer d'y obtenir un succès d'autant plus grand encore, qu'elle auroit été jouée par de meilleurs acteurs ; elle eût dédommagé de tant de travaux infructueux une société d'artistes recommandables par leurs talens, leur union et leurs longs revers ; la *Famille d'Anglade* doit être placée dans la même catégorie. Ces deux *drames* auroient fait la fortune d'un théâtre qui n'a d'autres prérogatives que la *comédie* et le *drame*, tandis que le spectacle où l'on joue ces deux ouvrages, plus amplement pourvu, plus heureusement situé, a quatre ou cinq genres, dont trois suffiroient même pour assurer son sort. Cette observation n'est pas seulement appli-

____

(1) Dans plusieurs villes, on représente *la Pie Voleuse* avec la dénomination de *drame historique*.

cable à l'Odéon : elle concerne tous les grands théâtres dont une portion des genres peut être, sous diverses dénominations, usurpée par un ou plusieurs spectacles secondaires : le gouvernement est donc fortement intéressé à ce que chaque petit théâtre soit circonscrit à cause des théâtres royaux.

Ce point capital m'oblige à remonter vers la source du mal.

En deux mots que veut-on ? Que désire-t-on enfin ? Faire refluer dans nos grands théâtres quelques flots de cette foule qui inonde les petits depuis douze à quinze ans ; soulager l'Etat qui est obligé de venir continuellement au secours des théâtres royaux ; mettre un terme à cette espèce de scandale qui résulte de la représentation de pièces également dangereuses sous le rapport moral, sous le rapport politique, et que l'on joue sur des théâtres destinés au peuple, journellement fréquentés par lui.

La seconde partie de cet ouvrage sera consacrée à ce dernier objet. Je vais terminer celle-ci par un projet purement financier.

DE LA CAPACITÉ

DES SALLES DE SPECTACLE

DE LA CAPITALE.

LA capacité des salles des grands théâtres de la capitale a doublé depuis cinquante ans environ ; celle des petits théâtres depuis quinze à vingt. Presque toutes ces dernières ont été rebâties pendant la révolution.

L'augmentation de la population a nécessité l'agrandissement des premiers ; l'arbitraire a tracé la dimension des seconds.

Sous l'ancien régime , un entrepreneur qui obtenoit un privilége et la permission d'élever un théâtre, n'étoit pas maître de lui donner l'étendue qu'il désiroit. La capacité de la salle qu'il devoit construire étoit calculée d'après le nombre des spectacles déjà existans ; mais, durant l'anarchie, chacun a édifié ou acquis selon ses facultés pécuniaires, ou son degré d'ambition.

Il est résulté de cette licence, des salles de toute grandeur (1). Il y a eu jusqu'à *vingt et un* spectacles ouverts (2). Le décret du 8 août 1807 réduisit les théâtres à huit. Un journal annonce qu'il est question de diminuer encore leur nombre.

Voici les réflexions que je présenterai à cet égard.

Une mesure générale ne doit point admettre d'intérêts particuliers, je le sais. Mais s'il est possible d'obtenir les mêmes résultats sans froisser trop rudement ces mêmes intérêts, peut-être le choix appartient-il à un projet qui offre ce double avantage.

Les suppressions de théâtre entraînent toujours avec elles le malheur de beaucoup de familles ; car on ne se figure point quelle est la quantité d'individus qu'un petit théâtre même

---

(1) Un théâtre construit quai Voltaire a *sept* rangs de loges. Ce théâtre néanmoins n'a jamais été exploité : c'est aujourd'hui un café.

(2)

L'Opéra.	La Cité.	Nouveaux Troubadours.
Les Français.	Molière.	Marais.
Feydeau.	Porte Saint-Martin.	Cirque Olympique.
Louvois.	Gaîté.	Vieille rue du Temple.
Vaudeville.	Ambigu-Comique.	Mareux.
Montansier.	Jeunes Élèves.	rue Saint-Victor.
Variétés.	Jeunes Artistes.	L'Estrapade.

alimente. Je dirai comme le bon Henri : IL FAUT QUE TOUT LE MONDE VIVE.

Il est très-vrai que la masse de spectateurs que renferment aujourd'hui nos théâtres secondaires est énorme, et je vais en donner une juste idée, en mettant sous les yeux la capacité de toutes ces salles.

Recette la plus haute de chacun des spectacles secondaires (non compris les loges à l'année), depuis 1810 jusqu'à 1815.

Vaudeville.	2,882 fr.
Variétés.	3,850
Gaieté.	2,684
Ambigu–Comique.	2,365
Porte Saint–Martin.	3,300
Cirque–Olympique.	2,838
TOTAL. . . .	17,919 fr.

Recette de chaque spectacle secondaire (non compris les loges à l'année), pendant deux ans ; ayant observé de prendre sur cinq, l'année la plus forte et l'année la plus foible.

1810.		1812.	
Vaudeville. . .	349,408f.	Vaudeville. . .	395,184f.
Variétés. . .	613,673	Variétés. . .	537,484
Gaieté. . . .	476,483	Gaieté. . . .	403,872
Ambigu– Com.	445,933	Ambigu – Com.	400,789
Cirque . . .	242,314	Cirque . . .	279,334
TOTAL. . .	2,127,811	TOTAL. . .	2,016,663

Je passe aux grands théâtres pour arriver à un parallèle important.

Recette la plus haute de chaque grand théâtre (non compris les loges à l'année), *depuis 1810 jusqu'à 1815.*

Académie royale. 12,188 f. { Représentation honorée de la présence du Roi.

Français. 7,171
Opéra-Comique. . 8,280
Odéon et Op. Buffa. 4,807
TOTAL. . . . . . 32,446 f.

Nota. Il n'est point question ici de l'Opéra royal italien, parce que ce théâtre n'a ouvert qu'au 1er oct. 1815.

Recette de chaque grand théâtre (non compris les loges à l'année et les bals), *pendant deux ans, ayant observé de prendre sur cinq, l'année la plus forte et l'année la plus foible.*

1810.		1812.	
Académie royale.	470,239	Académie royale.	418,495
Français.	732,281	Français.	648,307
Opéra – Comique.	886,501	Opéra – Comique.	653,356
Odéon et Opéra-Buffa.	262,801	Odéon et Opéra-Buffa.	236,841
TOTAL. . . .	2,351,822	TOTAL. . . .	1,956,999

Recette générale des grands théâtres (non compris les loges à l'année et les bals), ANNÉE COMMUNE, *prise sur cinq ; savoir :* 1810, 1811, 1812, 1813 *et* 1814.

Cette recette générale est de *deux millions cent quatre-vingt-seize mille six cent quatre-vingt-six fr.* 80 *cent.*, ci . . 2,196,686 fr. 80 c.

Nota. On a laissé en dehors l'année 1815 , parce qu'il y a eu un théâtre secondaire de plus que les années précédentes , et *trois mois* d'ouverture du Théâtre Royal Italien.

Recette générale des spectacles secondaires (non compris les loges à l'année), ANNÉE COMMUNE , *prise sur cinq ; savoir :* 1810 , 1811 , 1812 , 1813 et 1814.

Cette recette générale est de *deux millions soixante - treize mille deux cent quatre-vingt-dix-neuf francs*, ci . . . . . 2,073,299 fr. 80 c.

Nota. On n'a point cru devoir comprendre dans cette somme le montant de six jours de recette du cinquième théâtre secondaire , et s'élevant à 21,531 fr. ; ce théâtre n'ayant commencé son exploitation que le 26 décembre 1814.

PARALLÈLE.

Année commune des quatre théâtres royaux ,	Année commune des quatre théâtres secondaires et du Cirque-Olympique ,
2,196,686 fr. 80 c.	2,073,299 fr. 80 c.

Année 1815.

Recette des cinq théâtres royaux.			*Recette des cinq théâtres secondaires et du Cirque Olympique.*		
	fr.	c.		fr.	c.
Acad ém. roy.	594,622	27	Vaudeville . .	321,783	
Français . . .	731,493	40	Variétés . . .	661,917	58
Opéra-Com. .	670,421	95	Gaîté	342,509	42
Op. It. (3 m.)	101,597	40	Ambigu . . .	364,040	16
Odéon	160,764	1	Porte S. Mart.	496,678	5
			Cirq. Olymp.	216,877	80
TOTAL . .	2,258,899	3	TOTAL . .	2,403,806	1

Spectacles secondaires, ci . . . . . 2,403,806 fr. 1 c.
Théâtres royaux, ci 2,258,899 3

EXCÉDANT . . . . 144,906 fr. 98 c.

Donc les spectacles secondaires ont fait au-dessus des théâtres royaux, en 1815. . . . . 144,906 fr. 1 c.

La recette générale pour l'année 1815 a été en conséquence de *quatre millions six cent soixante-deux mille sept cent cinq francs quatre centimes*, ci 4,662,705 fr. 4 c.

Nota. Le théâtre de la Porte Saint-Martin n'a eu, en 1815, que deux ouvrages dont le succès ait été véritablement soutenu ; mais, en redoublant d'efforts et de soins, il peut en espérer quatre dans l'espace de douze mois, à l'aide des différens genres dont on l'a étayé. Ainsi, joignant encore à cette heureuse attente, les bals, l'indemnité de mille écus qui lui est allouée par le gouvernement, pour chaque représentation *gratis*, etc. (1), ce spectacle, en raison de la capacité de sa salle, fera, dans les bonnes années, 650 à 700,000 francs.

On peut évaluer son ANNÉE COMMUNE à *six cent mille francs*, ci. . . . . 600,000 fr.

La somme totale qui entroit dans les caisses de tous les théâtres de Paris, jusqu'en 1814 inclusivement, étoit, d'après L'ANNÉE COMMUNE

---

(1) L'usage où l'on étoit, pendant le chaos révolutionnaire, de multiplier les représentations *de par et pour le peuple*, détermina à indemniser les grands et les petits théâtres.

Le Vaudeville 1,200 fr.; les Variétés, 1,000 fr.; la Gaieté, 800 fr.; l'Ambigu-Comique, *idem* ; la Porte Saint-Martin, 3,000 fr.;

4*

des grands et des petits ; de *quatre millions deux cent soixante-neuf mille neuf cent quatre-vingt-six francs soixante centimes.* Cette somme totale, en y ajoutant l'année commune du théâtre Saint-Martin sera donc désormais de . . . . 4,869,986 fr. 60 c.

Selon la vogue des ouvrages, cette somme est plus ou moins répartie dans les théâtres de la capitale ; mais il est aisé de voir que les petits spectacles où les grands succès sont plus faciles et plus fréquens, absorbent la majeure part au moyen de la capacité de leurs salles.

Il est un remède efficace à cet abus notoire ; je vais l'indiquer, en divisant mon plan en deux points.

Par le premier, je proposerois de diminuer l'étendue des salles des spectacles secondaires, et de déterminer uniformément le *maximum* du produit journalier de chacune d'elles.

Ce *maximum* seroit porté à *deux mille francs.*

Cette opération pourroit s'effectuer de la manière la plus simple, soit en masquant un certain nombre de loges et d'amphithéâtres, soit en baissant le plafond des salles.

On peut de suite entrevoir quelles seroient les conséquences de cette mesure ; tels théâtres qui, calculant leurs dépenses sur leurs recettes, étalent pour *un* franc aux yeux du public un luxe qu'il paie *trois* à l'Opéra, seroient forcés d'offrir un autre genre, un genre gai, original, mais moins fastueux et mieux proportionné à leur institution, qui est d'amuser, de divertir le peuple, mais non pas de l'éblouir ; d'arracher sans cesse l'artisan à ses travaux, par l'attrait toujours croissant d'un pompeux attirail ; d'affoiblir ainsi une partie de son salaire, et de consommer l'autre souvent au préjudice d'une famille dont le chef est au spectacle, la mère et les enfans sans pain dans un galetas.

En laissant à ces théâtres un délai nécessaire pour leurs dispositions, ils n'éprouveroient aucune perte, et par la suite leur bénéfice seroit équivalent à celui qu'ils ont aujourd'hui ; ils feroient des recettes moins fortes, mais ils auroient des frais plus foibles (1).

Je vais, au surplus, prouver qu'une salle fixée au *maximum* de 2,000 fr. peut donner des résultats suffisamment avantageux à un entrepreneur.

---

(1) *Audinot* et *Nicolet* avoient de petites salles : ils ont laissé tous deux une grande fortune. C'est en raison du peu d'étendue de leurs salles, et du petit nombre de théâtres alors existans, qu'on leur permit de donner, en été, deux représentations. La seconde, qui commençoit à onze heures du soir, se nommoit *jeu de nuit.*

Je suppose 1,500 francs de recette par jour, qui font au bout d'un an . . . . 547,500 fr.

Prélevant le 11e pour les hospices. 49,772
$$\overline{\text{Reste} . . . . . . \quad 497,728}$$

Prélevant le 20e pour l'Opéra 24,886
$$\overline{\text{Reste} . . . . . . \quad 472,842}$$

Prélevant le 10e pour le loyer de la salle. 47,284
$$\overline{\text{Reste.} . . . . . . \quad 425,558}$$

Tous frais généralement compris et portés à 800 fr. par jour 292,000
$$\overline{\text{Bénéfice sur 425,558 fr. nets . . . \quad 133,558}}$$

Tous frais généralement compris et portés 900 fr. par jour 328,500
$$\overline{\text{Bénéfice sur 425,558 fr. nets . . . \quad 97,058}}$$

Tous frais généralement compris et portés à 1000 fr. par jour 365,000
$$\overline{\text{Bénéfice sur 425,558 fr. nets . . . \quad 60,558 fr.}}$$

Mais comme je ne crois pas de toute nécessité qu'un petit théâtre ait 1,000 fr. de frais par jour, je pense qu'il ne doit pas prétendre à la recette régulière et journalière de 1,500 : or le bénéfice de l'entrepreneur sera toujours en proportion de ses dépenses. Ce calcul d'ailleurs n'est qu'une *Donnée* pour faciliter diverses évaluations approximatives.

Le second point (si toutefois la réduction de la capacité des salles ne paroît pas suffisante) consiste dans une jonction qui ne porteroit plus qu'à *trois* le nombre des théâtres secondaires, et aussi dans un article particulier concernant le Cirque-Olympique.

La deuxième partie va présenter des développemens à cet égard.

Pour arriver également au but principal, la *distinction* et la *répartition des genres* deviennent de rigueur; c'est cette confusion qui nuit visiblement à la prospérité des théâtres royaux, tout autant que la capacité et le nombre des salles secondaires. Qu'iroit-on voir séparément à certains théâtres, lorsque d'autres offrent plusieurs genres dans une seule soirée ?

Mais la répartition des genres est aujourd'hui fort difficile, parce qu'il y a deux fois plus de théâtres que de genres.

SECONDE PARTIE.

DES PETITS THÉATRES.

Influence des petits théâtres sur le peuple. — Révision du répertoire des théâtres du Boulevard. — Distinction et répartition des genres. — Réglemens actuels ; leur insuffisance. — Amendemens proposés. — Dispositions générales, relatives au projet de réduction des théâtres de la capitale. — Des spectacles de curiosité , etc.

Parmi les spectacles secondaires , maintenant au nombre de cinq, trois me paroissent destinés particulièrement aux plaisirs de la classe peu fortunée ; je les nommerai *Théâtres du peuple.*

Les deux autres ne sont susceptibles, je crois, que d'un examen fort court. L'un s'est constitué le dépositaire de la malice française :

Le Français, né malin, créa le vaudeville.

L'autre s'est chargé de dérider à tout prix nos fronts : ils s'acquittent mutuellement si bien de leur tâche, qu'on ne doit que les encourager, dans un moment surtout où nous avons tant besoin de rire.

Mais l'espèce de connexité qui existe entre eux, la seule nuance qui les distingue, et l'impossibilité de leur assigner un genre véritablement différent sans léser l'un ou l'autre, ou sans morceler le patrimoine d'autrui ; tout cela ne semble-t-il pas indiquer la réunion de ces deux spectacles ?

Où se feroit-elle ? dira-t-on ; si le Vaudeville, si les Variétés trouvent tant d'amateurs étant séparés et presque rivaux, quelle sera leur vogue, étant réunis ? On a fait fermer le théâtre Montansier au Palais-Royal à cause de sa proximité avec le Théâtre Français, et l'on a laissé bâtir une salle plus grande que celle de Montansier, à la porte de l'Opéra-Comique.

Cela peut être vrai ; mais je ne pense pas que le théâtre de *Brunet* dût payer aujourd'hui par une suppression l'autorisation qui lui a été accordée, il y a dix ans, de se placer où il est maintenant. Si l'on a la persuasion que le nombre des théâtres secondaires porte préjudice aux théâtres royaux, si l'on croit que le Vaudeville des grands et des petits, de *quatre millions deux cent soixante-neuf mille neuf cent quatre-vingt-six francs soixante centimes.* Cette somme totale, en y ajoutant l'année commune du théâtre Saint - Martin sera donc désormais de . . . . 4,869,986 fr. 60 c.

Selon la vogue des ouvrages, cette somme est plus ou moins répartie dans les théâtres de la capitale; mais il est aisé de voir que les petits spectacles où les grands succès sont plus faciles et plus fréquens, absorbent la majeure part au moyen de la capacité de leurs salles.

Il est un remède efficace à cet abus notoire; je vais l'indiquer, en divisant mon plan en deux points.

Par le premier, je proposerois de diminuer l'étendue des salles des spectacles secondaires, et de déterminer uniformément le *maximum* du produit journalier de chacune d'elles.

Ce *maximum* seroit porté à *deux mille francs.*

Cette opération pourroit s'effectuer de la manière la plus simple, soit en masquant un certain nombre de loges et d'amphithéâtres, soit en baissant le plafond des salles.

On peut de suite entrevoir quelles seroient les conséquences de cette mesure : tels théâtres qui, calculant leurs dépenses sur leurs recettes, étaient pour *un* franc aux yeux du public un luxe qu'il paie *trois* à l'Opéra, seroient forcés d'offrir un autre genre, un genre gai, original, mais moins fastueux et mieux proportionné à leur institution, qui est d'amuser, de divertir le peuple, mais non pas de l'éblouir ; d'arracher sans cesse l'artisan à ses travaux, par l'attrait toujours croissant d'un pompeux attirail ; d'affoiblir ainsi une partie de son salaire, et de consommer l'autre souvent au préjudice d'une famille dont le chef est au spectacle, la mère et les enfans sans pain dans un galetas.

En laissant à ces théâtres un délai nécessaire pour leurs dispositions, ils n'éprouveroient aucune perte, et par la suite leur bénéfice seroit équivalent à celui qu'ils ont aujourd'hui ; ils feroient des recettes moins fortes, mais ils auroient des frais plus foibles (1).

Je vais, au surplus, prouver qu'une salle fixée au *maximum* de 2,000 fr. peut donner des résultats suffisamment avantageux à un entrepreneur.

____

(1) *Audinot* et *Nicolet* avoient de petites salles : ils ont laissé tous deux une grande fortune. C'est en raison du peu d'étendue de leurs salles, et du petit nombre de théâtres alors existans, qu'on leur permit de donner, en été, deux représentations. La seconde, qui commençoit à onze heures du soir, se nommoit *jeu de nuit.*

allemands, français, inonda en même temps la France : on les mit presqu'en entier au théâtre ; on en fit des ouvrages monstrueux auxquels on donna le nom de *mélodrames*.

Ce nouveau genre, livré à lui-même, non-seulement devint gigantesque, mais il ne contribua pas peu à égarer le peuple. Je crois devoir rapporter ici l'extrait d'un article inséré dans le *Journal général de France*, il y a plusieurs mois ; article qu'on remarqua :

. . . .

» « Qui peut en effet calculer le mal qu'ont produit les
» mélodrames ? Je ne parle pas pour le goût qu'ils ont
» absolument gâté, mais par l'habitude qu'ils ont
» donnée au peuple de se familiariser avec les per-
» sonnages les plus élevés, et de les mépriser. N'est-il
» pas encore plus impolitique qu'il n'est ridicule de
» voir des Rois, des Princes, jouer des rôles de
» Scélérats sur les tréteaux ? C'est ainsi qu'on a
» accoutumé le peuple à ne plus respecter ni le trône
» ni la cour. Le mélodrame est peut-être une des armes
» les plus puissantes des démagogues et des anarchistes.

» Pourquoi ne pas rappeler les théâtres du boulevard
» à leur ancien genre ? Ils étoient le spectacle du peuple ;
» qu'ils le redeviennent ; que l'ouvrier n'y entende plus
» hurler la tragédie ; qu'il ne vienne plus y prendre
» des leçons de politique et d'insurrection ; qu'il y voie
» le tableau plaisant de l'intérieur de son ménage, de

» son magasin, de sa boutique, et qu'en riant il se cor-
» rige de ses défauts. »

Ces réflexions sont fort sages, sans doute : l'anarchie porta le désordre jusque sur nos théâtres, et la confusion des genres qui existe encore aujourd'hui en est une des suites fâcheuses.

On joua Brutus et Mahomet aux boulevards; on dansa la *carmagnole* aux Français. Mahomet et Brutus ne figurent plus, il est vrai, dans nos petits spectacles; mais d'autres meurtriers, d'autres fanatiques, sont les prophètes et les orateurs qui les ont remplacés.

Il est temps d'opposer une digue à ce débordement; les théâtres du peuple ont besoin d'être régénérés.

Avant les mélodrames, les théâtres des Boulevards n'étoient-ils donc point fréquentés ? Le théâtre des Variétés est sans contredit celui des spectacles du second ordre qui attire constamment le plus de spectateurs : y joue-t-on des mélodrames ?

Cependant, je ne prétends pas faire la guerre au genre en général, genre qui n'a peut-être bien réellement contre lui que l'abus qu'on en a fait. Sous le nom de *mélodrame*, il peut exister et il existe des ouvrages raisonnables et attachans. Quelques-uns de nos grands écrivains s'étoient occupés d'une espèce de *mélodrame*. On connoît la lettre de Diderot, au sujet des observations du chevalier de Chastellux, sur le *Traité du Mélodrame*. Rousseau a cherché à introduire ce genre, c'est-à-dire, l'action pantomime mêlée au dialogue. Madame de Staël, dans sa lettre cinquième, s'exprime ainsi en parlant du mélodrame :

« Rousseau a écrit plusieurs ouvrages sur la musique; » il aima toute sa vie cet art avec passion : *le Devin du* » *Village* annonce même des talens pour la compo- » sition. Il vouloit faire adopter en France *les mélo-* » *drames*. Ce genre devroit-il être rejeté? Quand les » paroles succèdent à la musique et la musique aux pa- » roles, l'effet des unes et des autres est plus grand. » Elles se servent quelquefois mieux que quand elles » sont forcées d'aller ensemble : la musique exprime la » situation, et les paroles la développent. La mu- » sique pourroit se charger de peindre les mouvemens » au-dessus des paroles, et les paroles des sentimens » trop nuancés pour la musique. »

Madame de Staël a défini par cette dernière phrase le *véritable mélodrame;* c'est un genre qui par cela même qu'il facilite les émotions, facilite les succès. L'expérience a prouvé qu'il avoit surtout cette faculté; or, plus ses impressions sont fortes, plus elles sont à craindre pour le peuple (je m'explique), et plus il est important de donner à ce genre des bornes, puisque c'est le genre du peuple ; si l'on fait tourner au profit de la morale l'influence du mélodrame sur la classe ouvrière, le mélodrame cesse d'être nuisible, au contraire, plus que tout autre ouvrage : il peut frapper et fixer son attention ; mais ce n'est pas à l'aide de moyens employés jusqu'à ce jour. Il y a deux sortes de mélodrames non moins dangereux sous le rapport moral et sous le rapport politique.

Le mélodrame *à poignard*, ou *tragédie du peuple*, et le mélodrame *historique* ou prétendu *historique*.

Le mélodrame *à poignard*, nous occupera dans quelques instans. Jetons premièrement un coup-d'œil sur le mélodrame dit *historique*.

Du Mélodrame historique.

Le mélodrame historique s'est mis à la fois en possession de l'histoire sacrée et de l'histoire profane. Il expose également les pontifes et les rois aux huées et aux sifflets d'un parterre à 80 centimes. Quelle école pour le peuple !

Mais il ne borne point à cela sa rare utilité.

5.

Il trompe aussi le peuple authentiquement. Lui présente-t-il un héros ? c'est pour le travestir ou le défigurer ; une anecdote ? un trait fameux ? les lieux sont changés, les époques fausses, les faits controuvés.

Tout ce qu'on pourroit écrire à cet égard, ne seroit peut-être pas aussi persuasif que les exemples que voici.

On a joué, l'an dernier, au boulevard, un mélodrame intitulé *Henri IV à Paris* : intention louable. Nouvel outrage fait à l'histoire ! Voyons ce qu'a dit le rédacteur du Journal de Paris. Il parloit de la critique de la pièce :

« Elle portera toute entière sur les *infidélités histo-*
» *riques* qui, pour la plupart, sont si *fortes*, qu'on doit
» présumer que ceux qui les ont commises ont péché
» avec connoissance de cause, etc.

» Jamais Bellegarde ne pensa à quitter Henri IV
» pour le marquis de Cœuvres, qui ne fut jamais à la
» tête d'un parti.

» D'Aubigné ne put pas porter une capitulation à
» Paris, puisqu'il n'y eut pas de capitulation entre la
» capitale et le Roi.

» Lorsqu'Henri assiégeoit Paris, Sully ne pouvoit
» pas lui dire : *Vous êtes marié avec Marie de Mé-*
» *dicis*, qu'il n'épousa que *six ans* après. Il étoit encore
» l'époux de Marguerite de Valois.

» Il est inconvenant de faire jouer le rôle principal,
» dans *Paris rebelle*, à Bussy Leclerc, ce chef des

» Seize, dont le crédit étoit ruiné depuis long-temps,
» et qui, à la première sommation, avoit rendu la Bas-
» tille au duc de Mayenne, par l'ordre duquel quatre
» des Seize avoient été pendus.

» Il est moins pardonnable encore de faire appeler
» ce misérable Bussy, *seigneur*, par le duc d'Aumale,
» prince de la maison de Lorraine, que Bussy traite à
» son tour assez cavalièrement pour lui dire : *Allons,*
» *mon cher d'Aumale, suivez-moi.* »

Naguère quelqu'un a écrit :

« Certaines personnes prétendent qu'il est malséant
» à la dignité royale de laisser exposer l'aïeul du mo-
» narque régnant à être sifflé sur les petits théâtres. Je
» demande quelle est la pièce que le nom de *Henri* n'a
» pas garantie du naufrage ? »

Nous répondrons à cette question par quelques lignes de l'article du *Journal des Débats* du
du 30 novembre dernier, à l'occasion de la
1re représentation de *la Fin de la Ligue*, jouée
à l'Odéon : on sait quel fut le sort de cette production, et quelles scènes se passèrent, ... en
présence même du monarque chéri.

« J'ai déjà exprimé plusieurs fois, dit le rédacteur,
» le regret de voir les spectateurs placés dans la triste
» alternative de ne pas siffler ce qui est ridicule, ou de
» paroître insulter par leurs sifflets ce qui, au fond,
» est le plus sincère objet de leurs hommages : il faut
» présumer que cette sorte de scandale aura une fin,

» et que les théâtres n'abuseront plus du droit de faire
» passer, à l'ombre d'images révérées, des absurdités
» dont l'odieux rejaillit sur les images mêmes. »

Mais revenons aux boulevards, et écoutons ce que disoit le même rédacteur, en rendant compte d'un mélodrame *historique* :

« Le plus grand tort de l'auteur n'est pas d'avoir,
» dans ce nouvel ouvrage, violé toutes les règles du
» théâtre et toutes celles du bon sens; d'avoir accumulé
» les invraisemblances les plus grossières, d'avoir dé-
» layé quelques vérités triviales dans des sermons d'une
» longueur assommante; ce sont des coutumes qui, par
» la non-contradiction, ont acquis aux boulevards toute
» l'autorité de la loi; mais je lui demanderai seulement,
» par quelle obstination il veut absolument que son
» mélodrame soit *historique*, lorsqu'il semble avoir pris
» à tâche de contredire en tout point l'histoire, soit
» dans les caractères, soit dans les faits. »

Plus loin il ajoute :

« Sans cette extrême licence, il y auroit quelqu'avan-
» tage, sinon sous le rapport de l'art, du moins sous
» celui de l'instruction du peuple, à lui faire passer
» successivement sous les yeux les hommes et les évé-
» nemens les plus célèbres de nos annales; mais dans
» le système adopté, l'ignorance est jointe à la barbarie,
» et le goût se corrompt en même temps que le juge-
» ment s'égare. »

Ce n'est pas seulement pour l'instruction du

peuple de Paris que le mélodrame *historique* présente des inconvéniens. Les grandes villes de province souffrent ces mélodrames sur leurs seconds théâtres ; des acteurs ambulans propagent dans toute la France les erreurs que renferment ces pièces. Une scène repoussante ou immorale, un héros méconnoissable ou avili, sont ainsi transportés jusqu'au milieu de la grange du plus petit bourg ; et la manière grotesque d'offrir aux spectateurs ce héros, ajoute encore à l'affront que déjà il a pu recevoir dans la capitale.

Il est aussi une remarque qui n'échappe point à l'œil observateur. C'est le mélange incohérent des titres sur les affiches des théâtres du peuple : leur genre admettant toutes les extravagances, toutes les innovations, leur répertoire est par conséquent composé, en général, d'ouvrages dont le nom est, ou bizarre ou trivial : n'est-il pas au moins choquant de voir *Henri IV* partager les *honneurs* de l'affiche avec *le Chien de Montargis ?* La même inconvenance, ou plutôt le même scandale existe relativement aux pièces dont le sujet est tiré de l'histoire sacrée.

Vincent de Paule est, quant au fond, un mélodrame, comme il seroit à souhaiter qu'on en offrît souvent à la multitude ; mais le personnage si vénéré de *Vincent de Paule*, devoit-il paroître sur les boulevards ? Est-il bien décent de voir figurer ce digne patriarche avec *le Chat botté* ou *la Fille mal gardée*, ballet charmant, mais graveleux s'il en fût jamais ? Des journaux se sont justement élevés contre le choix d'un pareil sujet.

On ne peut qu'applaudir, sans doute, aux bonnes intentions des auteurs qui cherchent à retracer des traits de bienfaisance et d'humanité sur les petits théâtres ; mais il seroit à désirer qu'ils n'oubliassent pas que ces théâtres ont, ainsi que je l'ai dit tout à l'heure, un répertoire qui ne peut s'allier avec des noms jadis illustrés par de hauts faits ou de rares vertus, et qu'à plus forte raison il y a une excessive irrévérence à offrir dans de tels cadres un héros ou une héroïne encore pleine de vie.....

Un journal dit, en parlant de *la Bonne Femme* ou la Sœur Marthe :

« A côté des féroces assassins de *la Marquise de* » *Gange*, le théâtre de la Gaîté nous offre depuis quel- » ques jours *la Bonne Femme*. C'est sans contredit une » inconvenance d'avoir mis en scène une femme encore » vivante, et que sa bienfaisance, sa piété et les honneurs » qui lui ont été accordés par tant de souverains, ren- » dent trop respectable pour qu'on dût en faire l'héroïne » d'un petit vaudeville sentimental.

» La sœur Marthe, dit un autre (le Géant Vert),
» vient de subir, pour prix de ses vertus, la peine d'être
» mise en scène et en refrains, etc. »

Les grands théâtres seuls doivent, je pense, représenter les œuvres dramatiques dont les personnages appartiennent à l'histoire sainte ou profane, parce que la noblesse de la scène est toujours à la hauteur du sujet, parce que toutes les convenances sont parfaitement observées : on ne joue point à l'Opéra *Saül* avec *les Noces de Gamache*; on ne donne point aux Français *Athalie* avec *Pourceaugnac*. Cependant à l'égard de l'histoire profane, je proposerai quelques exceptions.

Parmi les théâtres du peuple, il en est un depuis peu de temps rouvert, et qui doit, sous le rapport de la matière que je traite, m'arrêter un instant (1).

Ce théâtre n'a point été construit pour la médiocrité ; sa belle façade, son intérieur majestueux rappellent au souvenir que cet édifice sortit de terre comme par enchantement pour être le réfuge des Muses et le sanctuaire du goût (2).

____

(1) Le théâtre de la Porte Saint-Martin.

(2) On y joua, le cinquante-cinquième jour de sa construction, un grand opéra nouveau intitulé : *Adèle de Ponthieu*.

Il ne s'agit plus ici de ces cadres étroits dans lesquels, avec de vains efforts, on ne représente que ridiculement des actions éclatantes et d'illustres personnages ; c'est une scène spacieuse, imposante, qui double l'illusion, et consacre l'erreur.

Quel doit être donc sur ce théâtre l'effet des mélodrames *historiques* offerts au peuple ? Mélodrames qui ne diffèrent en rien des autres pour l'infidélité et l'inexactitude des traits. N'est-ce pas abuser plus encore la crédulité de la multitude ? N'est-ce pas exposer à de plus graves insultes la mémoire des rois et celle des héros ?

Malgré la magnificence dont on entoure ces ouvrages, malgré la pompe, l'appareil qu'on déploie pour masquer leurs défauts, rarement des chutes scandaleuses peuvent être évitées ; et le scandale qui accompagne ces chutes, est toujours en proportion de la dignité du sujet et de l'éclat dont la pièce est environnée.

Le prix des places à ce théâtre est celui de l'Ambigu-Comique et de la Gaieté. Dans la salle, les mêmes cris tumultueux se font entendre ; le même désordre y règne parfois : c'est en un mot le même peuple dans une plus vaste enceinte; mais le faste éblouissant ne l'intimide pas, et lorsque son mécontentement éclate, il le manifeste d'une manière non moins injurieuse qu'aux deux autres petits spectacles, en adressant mille quolibets ignobles à des acteurs qui n'ont point un talent supérieur à celui des comédiens voisins ; mais qui, tout comme eux, ne portent pas moins *la pourpre* et *le diadéme* ou les autres marques distinctives des princes du sang royal ou des grands de l'Etat.

La première représentation si orageuse de *Jean sans peur* nous a fourni dernièrement un nouvel exemple de ce fait trop souvent répété.

« *Jean sans peur* est tombé sur le pont de Montereau,
» c'est à peu près le seul point sur lequel le nouveau
» mélodrame soit d'accord avec l'histoire, dit fort im—
» partialement un journaliste (*Quotidienne* »).

« L'histoire totalement défigurée, des personnages
» postiches ; des invraisemblances révoltantes, des huées,
» des sifflets ont à peine permis d'entendre un mot des
» deux derniers actes. » Ainsi s'exprime un autre rédacteur en parlant du même ouvrage. » (*Débats.*)

Mettra-t-on tout le tort du côté de l'auteur ? on sera injuste. La faute en est principalement au genre qui exige des incidens multipliés, des coups de théâtre, etc. Si rien ou très-peu de tout cela ne se trouve dans l'histoire, il faut inventer : de là viennent ces nombreuses invraisemblances, ces choquantes inconvenances, seulement ridicules dans un mélodrame ordinaire, mais révoltantes, c'est le mot, dans un mélodrame *historique*, à cause de l'élévation et de l'importance des personnages qui y figurent, et que l'on y dégrade.

Il appartient maintenant à l'autorité supérieure d'examiner s'il n'y a aucun inconvénient à laisser sans cesse tronquer successivement tous les traits de l'Histoire de France, lorsqu'il ne résulte de ces mutilations aucun avantage pour l'art, mais seulement des *huées*, des *sifflets*, des sarcasmes, des exclamations indécentes qui entretiennent le peuple dans des sentimens contraires au respect qu'il doit au trône, ou à ceux qui siégent sur ses degrés. Ne le sait-on pas ? Les hommes qui firent introduire sur ces petits théâtres le simulacre des cours avoient alors un but : ce but n'a été que trop bien atteint : est-ce au gouvernement actuel à conserver, à perpétuer un système qui tendoit à l'avilissement de la dignité suprême ? Le peuple, je crois, et surtout après vingt-cinq années, partagées entre l'anarchie, le délire, les forfaits, l'abnégation de tous principes et la rébellion, le peuple, je crois, ne doit pour ainsi dire apercevoir le monarque que dans la résidence des rois, parce que là il le voit au milieu de la véritable grandeur ; là il le voit entouré de tous les apanages de la souveraineté ; là il le voit à la fois environné de l'amour et de la vénération de ses sujets. Veut-on, sur le théâtre, représenter au peuple l'abus du pouvoir, a-t-on l'intention de lui offrir l'image du despotisme ? Le peuple n'a pas encore eu le temps d'oublier ce que c'est que la *tyrannie*. Est-ce pour lui montrer un roi sage, vertueux, éclairé, chéri, un père constamment occupé du soulagement et du bonheur de ses enfans ? L'illusion de la scène est sans doute superflue : *un palais* offre *chaque jour* à ses yeux cette heureuse réalité.

Les théâtres du premier ordre, je le répète, devroient avoir, comme autrefois, le privilége exclusif de nous reproduire nos rois et nos hommes illustres : si l'auteur s'est trompé, si l'ouvrage éprouve quelque disgrâce, les personnages n'y sont pour rien. Ces spectacles sont en général fréquentés par un tout autre public : le remède est à côté du mal : aux boulevards, le mal est sans remède. L'absence d'instruction fait qu'une imposture est reçue pour une vérité ; et les erreurs de la révolution rendent infiniment dangereux l'aspect de rois ou de ministres, aux prises avec des spectateurs turbulens dont ils deviennent le jouet et la risée.

Par une autre considération encore le mélodrame prétendu *historique*, doit fixer l'attention. Ce genre s'empare-t-il d'un trait ? Ce trait
est perdu pour l'art dramatique : il l'est au moins
pour long-temps. Un auteur renommé l'eût choisi,
l'eût mis sur la scène tragique ou lyrique : la
scène et la littérature eussent gagné peut-être un
chef- d'œuvre. Ce chef- d'œuvre établissoit ou
achevoit une grande réputation.

Au lieu de ce double avantage , un homme
de lettres (et cela est déjà arrivé), qui a commencé ou presque terminé un ouvrage de longue
haleine , a la douleur de voir le sujet dont il
avoit fait choix ; *travesti* dans un mélodrame
historique : si ce mélodrame , malgré ses difformités ; réussit à l'aide de quelques prestiges ,
l'homme de lettres est dégoûté ; ira-t-il se mettre
en rivalité avec un mélodrame ? Si ce mélodrame
tombe , l'homme de mérite n'a toujours plus la
nouveauté du sujet , et son amour-propre s'op-
pose à ce qu'il entre dans la lice , même après
l'échec des premiers mélodramaturges. Ainsi
donc, dans l'un et l'autre cas , on rend nulles ses
veilles , et ce qui plus est, on appauvrit notre
scène en la spoliant de véritables richesses. C'est
permettre qu'on épuise une *mine d'or* pour
laisser battre de la *fausse monnaie.*

Accorder au mélodrame, en général, la compilation de tous les romans, de tous les contes orientaux, le cabinet des fées, la traduction d'une foule de pièces, voilà, je crois, un assez beau domaine qu'une imagination féconde peut encore agrandir.

Si le mélodrame historique offre quelque danger sous le rapport politique, particulièrement, représenté dans un grand cadre, quel pernicieux effet doit produire *la tragédie du peuple*, dont il va être question, jouée sur une vaste scène ?

DE LA TRAGÉDIE DU PEUPLE,

OU

DU MÉLODRAME A POIGNARD.

———

REMONTONS d'abord à son origine.

Lorsque le mélodrame naquit, on entoura son berceau de tous les prestiges de la séduction. Ce charlatanisme réussit à merveille ; il éblouit par l'éclat des décors, par la richesse des costumes ; les difformités furent moins apparentes ; le genre nouveau excita l'enthousiasme. Connoissons le résultat de ce luxe, sans exemple jusqu'alors aux boulevards.

Les yeux, accoutumés à des spectacles si pompeux, ne voulurent plus voir l'antique palais d'*Agamemnon*, ou l'ancienne *chambre de Molière*.

Les grands théâtres devinrent déserts ; on s'écrasa aux petits. Les premiers, faut-il l'avouer, furent contraints de rivaliser, de lutter avec les seconds pour reprendre leur primauté, et ramener le public. Toute la littérature se déchaîna, et parvint enfin à ne laisser que les habitans du Marais encenser les autels du mélodrame.

Le faste théâtral disparut donc un instant aux boulevards; bientôt, pour attirer de nouveau le public des quatre coins de Paris, on eut recours à des ouvrages *d'intérêt*, c'est-à-dire, à des ouvrages dont les situations sont outrées, effrayantes, horribles.

Dans la *tragédie du peuple* les meurtres surtout sont prémédités et commis avec raffinement d'astuce ou de cruauté. Pour faire tomber un homme dans un piége, il faut lui en tendre dix: on offre à la vengeance mille moyens d'assouvissement ; au crime, mille ruses pour éviter la punition.

Un scélérat a, pendant trois ou quatre actes, *une porte de salut* toujours entr'ouverte; s'il est pris, s'il succombe, c'est parce qu'il faut que la pièce finisse avant minuit.

Un coupable, un innocent est-il renfermé dans une forteresse, dans une tour, dans un cachot? le grand art est qu'il s'évade, qu'il trompe les geôliers, les sentinelles, qu'il passe à travers les barreaux ou les murs.

On encourageoit le vol à Sparte; on applaudit avec transport la subtilité daus un mélodrame. Le personnage qui abuse mieux le prince ou ses agens, qui sait éluder ses poursuites ou ses ordres, est celui qui obtient le plus de suffrages et de bravos.

C'est ainsi qu'une salle de spectacle, semblable à une salle d'audience du tribunal criminel, peut, comme elle, servir trop souvent au fripon ou au malfaiteur inconnu, pour venir étudier de quelle manière il pourra se soustraire à la rigueur des lois.

Nous placerons ici une petite anecdote rapportée dernièrement dans le Journal de Paris (Feuilleton du 8 décembre 1815). Les réflexions qui la précèdent et la suivent coïncident tellement avec notre but, que nous croyons devoir les transmettre fidèlement. C'est le rédacteur qui parle :

« Il ne seroit peut-être pas inutile qu'on discutât, » sous le rapport moral, jusqu'à quel point les *mélo-* » *dramaturges* peuvent se complaire à exposer sur la » scène toutes les subtilités du crime : il est vrai qu'au » dénoûment les coupables sont punis, tandis que la » vertu est triomphante.

» Mais les coupables sont quelquefois si gauchement » déjoués qu'il m'est arrivé d'entendre dire près de moi, » en parlant du scélérat. —*Ah! qu'il est bête si j'avois* » *été à sa place j'sais ben c'que j'aurois fait!*

« Ces exclamations prouvent que le spectateur plé-
» béien *s'identifie* souvent avec le personnage.

» Il seroit donc à désirer qu'on représentât plus sou-
» vent la vertu, sans la mettre perpétuellement en
» opposition avec les crimes les plus dégoûtans. »

Tels sont, en effet, les préceptes de morale
dont le cours presque *gratuit* est ouvert au
peuple depuis quinze ans sans discontinuation.
On est convenu qu'il n'y avoit dans les mélodrames ni littérature, ni règles dramatiques;
mais on a reconnu aussi qu'on trouvoit dans la
plupart d'entr'eux des germes de démoralisation, des développemens dangereux, des
sentences erronées, des tableaux effrayans,
qui, sans cesse renouvelés, accoutument le
peuple à voir de sang-froid le meurtre et le
meurtrier.

Voilà le mélodrame que j'attaque, parce que
celui-là est offert à ce même peuple avec achar-
nement et sans prudence.

Est-il rien de plus repoussant, de plus
épouvantable, et en même temps de plus
propre à étouffer tout sentiment de pitié, que
de montrer chaque jour à la multitude (ainsi
qu'on le fait dans un mélodrame récemment
joué) *une femme à genoux entre deux assas-*
sins qui la forcent à choisir un genre de mort,

6.

en lui présentant, l'un un poignard, et l'autre une coupe empoisonnée . . . . (1) !

Pour peu que cela dure, on placera sous les yeux de cette multitude *Néron* questionnant la trop fameuse *Locusta* sur ses exécrables secrets... ou plutôt on lui montrera *Desrues* distillant ses poisons dans son obscur caveau; on apprendra même au peuple l'art de les composer !

Adresserez-vous quelques reproches à l'auteur et au directeur ? Ils vous répondront : « La pièce a passé à la CENSURE. Moi, dira le premier, je vise à *l'effet*. Et moi, répliquera le second, à *l'argent*. »

Interrogerez-vous l'examinateur? il alléguera qu'il n'a rien trouvé dans l'ouvrage de contraire au gouvernement. Ainsi donc tout le monde aura raison, la pièce seule aura tort. On s'aperçoit ici qu'il y a véritablement une lacune et un vice dans l'organisation actuelle de la censure dramatique.

Le Mercure de France, en donnant l'analyse d'une *tragédie historique* représentée aux boulevarts, termine par les réflexions que voici. Il parle d'un assassinat commis snr la scène :

« On le supporteroit à la comédie française, parce qu'une » tragédie est l'école des Rois, des gens d'État, et que

______

(1). Cette pièce comporte un intérêt assez vif pour qu'on puisse, sans nuire à son succès, supprimer cet horrible tableau.

» de beaux vers la mettroient à la hauteur des philo-
» sophes : on peut sans danger présenter le tableau de
» grandes passions devant des personnes dont l'éducation
» a poli les mœurs, et qui cherchent au théâtre un noble
» délassement ; mais, devant un public qui manque de
» lumières, et qui est livré, pour ainsi dire, à son ins-
» tinct naturel, il faut au contraire éloigner tout ce qui
» pourroit lui donner des idées capables de le familia-
» riser avec des actions qui sont indignes de l'estime
» publique. »

Ainsi que nous l'a fort bien fait observer M. le rédacteur du Journal de Paris, au dénoûment *l'innocence triomphe, et le crime est puni;* mais comment l'est-il ? Pour arriver d'ailleurs à ce résultat, il a fallu dérouler aux yeux de la multitude tout ce que la scélératesse a de plus noir. Il a fallu souvent apprendre au peuple par quels moyens naturels ou perfides on peut charger autrui de l'odieux d'un crime ; environner un individu de toutes les apparences et même de toutes les preuves de la culpabilité ; il a fallu enfin lui enseigner de quelle manière on peut parvenir à faire d'un innocent un coupable.

Le dénoûment même de ces pièces est ordinairement manqué. On rit, on siffle. Le but qu'on *prétend* être moral n'est point atteint ; mais les images, les subterfuges, les détours, les trahisons, restent dans la mémoire : la magie de la scène n'a servi qu'à les y graver plus profondément.

Faut-il, dira-t-on, terminer tous les mélo-drames par l'aspect des échafauds, ou par celui des supplices (1) ? Eh ! faut-il, m'écrierai-je, faire toujours figurer sur ces théâtres les héros de la Grève ? Non, plus d'échafauds ! plus de de supplices! plus de scélérats ! plus d'assassins! Le théâtre doit-il nous les montrer encore ? Depuis vingt-cinq ans, nous les avons assez vus sur la scène du monde !

Voilà la *tragédie du peuple*; voilà les délas-semens présentés avec tant de soins et d'appa-reil, à cette classe sans instruction, à cette classe qu'il est si facile d'émouvoir, de tromper et de pervertir. Voilà ces ouvrages qu'on la force trop souvent d'admirer. Se lasse-t-elle d'en voir un ? on lui en offre deux.

Mais alors que, suivant un système de boule-versement de l'ordre social, on ne négligeoit

______

(1) « L'échafaud, tendu de noir, est offert aux yeux du public, etc. » (Journal de Paris, du 24 janvier 1813, parlant d'un mélodrame.) « Les yeux d'une femme sont brûlés avec un fer rouge, etc. » (Même journal, d'une autre date, et à propos d'un autre ouvrage.) Je cite ces passages pour n'être point accusé d'exagération.

aucun moyen de dépravation, il ne parut pas suffisant d'alimenter l'effervescence populaire par l'aspect continuel des poignards et des assassins; de fasciner les yeux de la multitude par un éclat théâtral qui lui étoit encore inconnu; de dérouler enfin un voile magique entre le peuple et l'abîme que l'on creusoit sous ses pas : on travailla avec non moins d'adresse et de perfidie à avilir le culte, en livrant à la dérision publique et les hommes et les choses qui jusqu'alors avoient été pour lui des objets de respect et d'adoration. Elle n'est pas encore éloignée l'époque où l'on voyoit sur un théâtre du peuple les attributs de la Divinité, des chérubins, un prélat, un cortége religieux et une cérémonie des plus augustes !.... N'étoit-ce pas nous reporter à ces temps reculés où l'on jouoit les mystères sur les places publiques ? Alors croyoit-on du moins les honorer !

Loin de moi la prétention de discuter ici les droits sacrés du culte, de mettre en parallèle la religion et la politique pour prouver leur concordance et leur indispensable identité; mais je dirai que si le peuple le matin voit le prêtre à l'autel et le soir au théâtre, il verra du même œil le prélat et l'histrion. S'il aperçoit sur les tréteaux les attributs divins, devant lesquels on s'incline dans un temple ; si les crimes lui sont offerts comme les dignes objets de sa curiosité et de ses plaisirs ; les criminels comme ceux de son attention et de ses applaudissemens ; si les souverains , avec le nom de *tyrans*, paroissent presque toujours à ses yeux sous les traits de l'oppression et de la cruauté, inspirant ou l'horreur ou la haine ; difficilement, je pense, on parviendra à déraciner dans l'esprit du peuple ces opinions anti-religieuses et anti-morales, nées de nos désordres et de nos dissensions ; difficilement on pourra préparer à la race future un siècle de bonnes mœurs et de sécurité.

Il est donc urgent de songer à réprimer de tels abus, et je pense que l'un des moyens les plus prompts et les plus efficaces seroit celui que je vais proposer. Il consiste dans une *révision générale* du répertoire des théâtres du peuple, à l'effet de l'épurer.

DE LA RÉVISION GÉNÉRALE

DU RÉPERTOIRE DES THÉATRES DU PEUPLE.

LE répertoire de ces théâtres s'est formé sous divers régimes. Il a dû suivre leurs variations, et se ressentir des impulsions successives données à l'esprit public. Aussi reconnoît-on aujourd'hui dans beaucoup de pièces des boulevards la teinte des différentes circonstances.

Par la plus heureuse restauration nous sommes ramenés à des principes vrais, à l'urbanité de nos mœurs, aux devoirs religieux. Je soutiens donc que des ouvrages qui, pour la plupart monstrueux, ont concouru jusqu'à présent à l'égarement du peuple, à sa démoralisation, exigent impérieusement une révision générale.

Cette révision pourroit s'opérer ainsi :

1°. Une commission de cinq membres choisis parmi les *censeurs royaux*, seroit chargée spécialement de *l'examen* de tous les ouvrages composant le répertoire des théâtres du peuple ;

2°. Cette commission seroit nommée par LL. EExc. le ministre de l'intérieur et de la police générale conjointement. Elle auroit le titre de COMMISSION THÉATRALE ;

3°. Selon les attributions de chacun d'eux, elle proposeroit à ces ministres l'interdiction des pièces qu'elle jugeroit convenable de défendre, soit sous le rapport *moral*, soit sous le rapport *politique* ;

4°. Elle indiqueroit aux auteurs les suppressions ou additions à faire lorsqu'il n'y auroit lieu qu'à des changemens ;

5°. Ce travail une fois terminé, la même commission seroit aussi chargée d'examiner désormais les ouvrages *à représenter*, sous le double rapport *moral* et *politique*. Et de plus, elle auroit à maintenir l'exécution des réglemens anciens et nouveaux relatifs à la *distinction des genres* répartis dans les divers théâtres de la capitale.

Cette distinction des genres, et quelques amendemens aux réglemens actuels, vont nous occuper maintenant.

DE LA DISTINCTION

ET RÉPARTITION DES GENRES.

LA distinction et la répartition des genres dans une grande cité où il y a beaucoup de spectacles deviennent la garantie de l'existence de chaque théâtre en particulier.

Un arrêté ministériel du 25 avril 1807 avoit déterminé les genres de tous les théâtres alors existans à Paris. Cet arrêté n'a jamais été pleinement exécuté; il a même été modifié. Nous allons en rapporter le titre 1er. Le reste est relatif aux théâtres des départemens. Ce réglement étant général, et l'extension plus ou moins grande des genres des petits théâtres, influant considérablement sur la fortune des théâtres royaux, on ne sera point surpris de trouver cet arrêté dans cette seconde partie.

Arrêté de S. Ex. le Ministre de l'Intérieur, portant réglement pour les Théâtres de la capitale et des départemens, en exécution du décret du 8 juin 1806.

TITRE Ier. — *Des Théâtres de Paris.*

« Art. 1er. Les théâtres dont les noms suivent sont considérés comme *grands théâtres*, et jouiront des prérogatives attachées à ce titre par le décret du 8 juin 1806 :

» 1°. Le *Théâtre-Français.*

» Ce théâtre est spécialement consacré à la *tragédie* et à la *comédie.*

» Son répertoire est composé, 1°. de toutes les pièces (tragédies, comédies, et drames,) jouées sur l'ancien théâtre de l'Hôtel de Bourgogne, sur celui que dirigeoit *Molière*, et sur le théâtre qui s'est formé de la réunion de ces deux établissemens, et qui a existé sous diverses dénominations jusqu'à ce jour ; 2°. des comédies jouées sur les divers théâtres dits *Italiens* jusqu'à l'établissement de l'Opéra-Comique.

» *Le théâtre de l'Odéon* sera considéré comme une annexe du théâtre français, pour la comédie seulement.

» Son répertoire contient, 1°. les comédies et drames spécialement composés pour ce théâtre ; 2°. les comédies jouées sur les théâtres dits Italiens, jusqu'à l'établissement de l'Opéra-Comique : ces dernières pourront être représentées par le théâtre de l'Odéon, concurremment avec le théâtre français.

(93)

» 2°. *Le théâtre de l'Opéra.*

» Ce théâtre est spécialement consacré au chant et à la danse ; son répertoire est composé de tous les ouvrages, tant opéras que ballets, qui ont paru depuis son établissement en 1646.

» 1°. Il peut seul représenter les pièces qui sont entièrement en musique, et les ballets du genre noble et gracieux : tels sont tous ceux dont les sujets ont été puisés dans la mythologie ou dans l'histoire, et dont les principaux personnages sont des dieux, des rois ou des héros.

» 2°. Il pourra aussi donner (mais non exclusivement à tout autre théâtre) des ballets représentant des scènes champêtres ou des actions ordinaires de la vie.

» 3°. Le *théâtre de l'Opéra-Comique.*

» Ce théâtre est spécialement destiné à la représentation de toute espèce de comédies ou drames mêlés de couplets, d'ariettes, et de morceaux d'ensemble.

» Son répertoire est composé de toutes les pièces jouées sur le théâtre de l'Opéra-Comique, avant et après sa réunion à la comédie italienne, pourvu que le dialogue de ces pièces soit coupé par du chant.

» L'*Opéra-Buffa* doit être considéré comme une annexe de l'Opéra-Comique. Il ne peut représenter que des pièces écrites en italien.

» 2. Aucun des airs, romances et morceaux de musique qui auront été exécutés sur les théâtres de l'Opéra et de l'Opéra-Comique, ne pourra, sans l'autorisation des auteurs ou propriétaires, être transporté sur un autre théâtre de la capitale, même avec des modifications dans les accompagnemens, que cinq ans après la première représentation de l'ouvrage dont ees morceaux font partie.

» 3. Seront considérés comme *théâtres secondaires :*

» 1º. *Le théâtre du Vaudeville.*

» Son répertoire ne doit contenir que de petites pièces mêlées de couplets sur des airs connus, et des parodies.

» 2º. *Le théâtre des Variétés*, *boulevard Montmartre.*

» Son répertoire est composé de petites pièces dans le genre *grivois*, *poissard* ou *villageois*, quelquefois mêlées de couplets également sur des airs connus.

» 3º. *Le théâtre de la Porte Saint-Martin.*

» Il est spécialement destiné au genre appelé *Mélodrame*, aux pièces à grand spectacle. Mais dans les pièces du répertoire de ce théâtre, comme dans toutes les pièces des théâtres secondaires, on ne pourra employer pour les morceaux de chant, que des airs connus.

» On ne pourra donner sur ce théâtre des ballets dans le genre historique et noble; ce genre, tel qu'il est indiqué plus haut, étant exclusivement réservé au grand Opéra.

» 4º. *Le théâtre dit de la Gaieté.*

» Il est spécialement destiné aux *pantomimes* de tout genre, mais sans ballets ; aux *arlequinades* et autres *farces*, dans le goût de celles données autrefois par *Nicolet* sur ce théâtre.

» 5º. *Le théâtre des Variétés étrangères.*

» Le répertoire de ce théâtre ne pourra être composé que de pièces traduites des *théâtres étrangers.*

» 4. Les autres théâtres actuellement existans à Paris, et autorisés par la police antérieurement au décret du 8 juin 1806, seront considérés comme annexes ou doubles des *théâtres secondaires :* chacun des directeurs de ces établissemens est tenu de choisir parmi les genres qui appartiennent aux théâtres secondaires, le genre qui paroîtra convenir à son théâtre.

» Ils pourront jouer, ainsi que les théâtres secondaires, quelques pièces des répertoires des grands théâtres, mais seulement avec l'autorisation des administrations de ces spectacles, et après qu'une rétribution due aux grands théâtres aura été réglée de gré à gré, conformément à l'art. 4 du décret du 8 juin, et autorisée par le ministre de l'intérieur.

» 5. Aucun des théâtres de Paris ne pourra jouer des pièces qui sortiroient du genre qui lui a été assigné.

» Mais lorsqu'une pièce aura été refusée à l'un des trois grands théâtres, elle pourra être jouée sur l'un ou l'autre des théâtres de Paris, pourvu toutefois que la pièce se rapproche du genre assigné à ce théâtre.

» 6. Lorsque les directeurs et entrepreneurs de spectacles voudront s'assurer que les pièces qu'ils ont reçues ne sortent point du genre de celles qu'ils sont autorisées à représenter, et éviter l'interdiction inattendue d'une pièce dont la mise en scène auroit pu leur occasionner des frais, ils pourront déposer un exemplaire de ces pièces dans les bureaux du ministère de l'intérieur.

» Lorsqu'une pièce ne paroîtra pas être du genre qui convient au théâtre qui l'aura reçue, les entrepreneurs ou directeurs de ce théâtre en seront prévenus par le ministre.

» L'examen des pièces dans les bureaux du ministère de l'intérieur, et l'approbation donnée à leur représentation, ne dispenseront nullement les directeurs de recourir au ministère de la police, où les pièces doivent être examinées sous d'autres rapports..

» 7. Pour que les théâtres n'aient pas à souffrir de cette détermination et distribution de genres, le ministre leur permet de conserver en entier leurs anciens répertoires, quand même il s'y trouveroit quelques pièces qui ne fussent pas du genre qui leur est assigné ; mais ces anciens répertoires devront rester rigoureusement tels qu'ils ont été déposés dans les bureaux du ministère de l'intérieur, et arrêtés par le ministre.

» Par cet article, toutefois, il n'est nullement contrevenu à l'art. 4 du décret du 8 juin, qui ne permet à aucun théâtre de Paris de jouer les pièces des grands théâtres, sans leur payer une rétribution.

On voit par cet arrêté, que dès l'année 1807 on avoit senti la nécessité de mettre fin au désordre théâtral, et de rappeler les petits spectacles à leur ancien genre ; qu'on avoit aussi reconnu l'avantage d'une distinction et répartition de genres telles qu'elles existoient à peu près sous l'ancien régime.

En destinant le théâtre de la Porte Saint-Martin spécialement au mélodrame, et en réduisant ceux des boulevards du Temple aux *pantomimes sans ballet* et aux *farces de Nicolet*, on s'aperçoit bien qu'il n'y avoit pas un parfait équilibre dans la balance , mais on avoit voulu commencer à *sevrer* le peuple ; du mélodrame : on avoit pensé que consacrer un seul théâtre à la représentation des mélodrames nouveaux , ne permettre aux deux autres que de jouer ceux qui composoient leur répertoire sans pouvoir l'augmenter de pièces de ce genre , ce seroit forcer ces deux spectacles à un mélange d'ouvrages sérieux et burlesques qui atténueroit dans l'esprit des spectateurs l'effet nuisible des mélodrames en général.

Jusqu'à un certain point (si toutefois il n'y eut pas d'autre motif), cette mesure étoit sage , mais elle n'atteignoit véritablement ni le but moral ni le but politique, puisqu'elle n'enjoignoit pas l'épuration des répertoires : c'étoit déplacer le mal sans le déraciner.

Cet article de l'arrêté sembloit plutôt sacrifier deux spectacles pour en faire prospérer un. Ce n'est pas cependant que les *farces* dans le goût de celles de *Nicolet*, soient évidemment contraires à la prospérité des petits théâtres. On n'a point oublié le fameux *Pied de Mouton*, et le succès prodigieux de nombres de pièces à peu près semblables au théâtre des Variétés: ce genre de féerie comique est vraiment le genre du peuple il lui convient aujourd'hui plus que jamais ; on y reviendra (1).

Mais au surplus qu'arriva-t-il ? L'arrêté du 25 avril n'eut point son exécution : le décret du 8 août 1807 qui supprima inopinément le théâtre de la Porte Saint-Martin , et avec lui plusieurs autres de la même manière, partagea alors entre la Gaîté et l'Ambigu - Comique les prérogatives de ce théâtre.

Extrait de l'Arrêté du 8 août 1807.

« Le théâtre de la Gaieté établi en 1760, et celui de » l'Ambigu-Comique en 1772, boulevard du Temple , » joueront concurremment les pièces de même genre » désignées aux §. 3 et 4 de l'art. 3 de l'arrêté du 25 avril » 1807. » (Voyez l'arrêté.)

Ces prérogatives sont celles dont ces deux théâtres jouissent aujourd'hui.

Le théâtre de la Porte Saint-Martin a été assimilé aux deux autres ; on lui a de plus accordé, lors de sa nouvelle ouverture , les *pantomimes mêlées de danses* , le *vaudeville* et la *comédie.*

---

(1) Le répertoire des petits théâtres, au moment de la révolution, celui de l'Ambigu-Comique surtout, étoit composé de pièces fort agréables : on reverroit avec plaisir *le Prince Noir et Blanc, Echo et Narcisse* , etc.

Du Vaudeville aux Boulevards.

LE vaudeville est *autorisé* au théâtre de la Porte Saint-Martin ; *toléré* à la Gaîté ; *délaissé* à l'Ambigu-Comique.

Pourquoi, lorsque nous avons deux théâtres dont les *seules* attributions sont, aux termes du réglement, des pièces *mêlées de couplets*, d'autres spectacles qui ont quatre ou cinq genres y joignent-ils encore le vaudeville ? Ou les genres doivent être distincts, ou ils doivent être confondus : s'ils doivent être confondus ; tout réglement est inutile ; s'ils doivent être distincts, un genre particulier appartient à chacun d'eux ; nul n'a le droit de s'en écarter.

Il est au moins ridicule qu'un spectacle porte le titre de THÉÂTRE DU VAUDEVILLE, si l'on joue le vaudeville sur la moitié des théâtres de Paris.

Le réglement même du 25 avril, quoique très-défectueux, désigne une nuance entre les pièces du *Vaudeville* et celles des *Variétés*. Cette nuance est douce, mais elle existe.

Le vaudeville aux boulevards est nuisible aux deux théâtres qui ne donnent que des *pièces mêlées de couplets*, sans qu'il soit véritablement

productif pour ceux qui l'y font représenter.
L'Ambigu-Comique ne joue que fort rarement
des *pièces mêlées de couplets* ; fait-il des recettes
moins abondantes ? Non sans doute ; s'il croyoit
que ce genre pût les augmenter, il ne le négli-
geroit pas.

Est-ce pour varier les plaisirs du peuple qu'on
lui offre le vaudeville ? Le peuple est fort
insensible à cette prévenance. Une parade de
Taconnet, de Dorvigny, ou de tout autre de
cette espèce, le divertit davantage, et contraste
beaucoup mieux avec les mélodrames larmoyans
qu'on lui présente chaque jour. Que va-t-on voir
aux boulevards ? Un mélodrame ou une pantomime : n'importe ce que l'on donne auparavant,
on n'y fait point attention. Mais si par hasard
un vaudeville piquant, en un, deux ou trois
actes attire du centre de la capitale, alors il nuit
évidemment aux deux théâtres qui doivent jouer
exclusivement ce genre. Autre hypothèse : si
un spectacle du boulevard jouoit presqu'habi-
tuellement *deux* pièces *mêlées de couplets*, que
lui faudroit-il encore pour être furtivement
transformé en un troisième théâtre consacré au
vaudeville ? Un seul acte de plus. Ce spectacle,
en donnant *deux* pièces de ce genre, auroit eu
bien sûrement l'intention de doubler l'attrait de

son affiche : aux dépens de qui empliroit-il sa salle alors ?...

Tranchons le mot, le vaudeville aux boulevards est inutile aux recettes, s'il n'est qu'accessoire ; en contravention, s'il est principal.

De la Comédie aux petits Théâtres.

Dans un temps où l'on ne respectoit rien, où il étoit même défendu de se respecter soi-même, je trouve très-naturel qu'on n'ait pas respecté *Molière* ; mais à présent que tout sentiment de vénération peut librement s'exprimer, ne seroit-ce pas irriter les mânes de l'auteur du *Tartufe* et du *Misantrope*, que de laisser prostituer plus long-temps une dénomination à jamais illustrée par lui ? ne seroit-ce pas du moins faire injure à sa mémoire que de souffrir désormais qu'on nommât *comédies* des scènes décousues ou triviales, des parades imitées de celles de la Foire.

Toutes les pièces ne sont pas des comédies, comme tous les auteurs ne sont pas des comédiens. Au Vaudeville et aux Variétés, plusieurs pièces offrent de très-jolis actes de comédie ; mais le plus grand nombre n'étant que des scènes épisodiques, et quelquefois des canevas, les auteurs de ces deux théâtres devroient, par une louable concession à l'art dramatique, renoncer à décorer leurs productions de ce titre; l'interdiction en seroit signifiée aux théâtres du peuple, et la désignation de *comédie*, exclusivement réservée aux ouvrages qui en auroient tous les caractères particuliers, mais ouvrages représentés seulement aux grands théâtres.

La difficulté du genre, la gloire des auteurs anciens, l'encouragement des auteurs modernes réclament cette honorable distinction; la comédie est à l'art dramatique ce que l'ode est à la poésie.

Le réglement du 25 avril semble soutenir au surplus cette proposition : il n'accorde que la dénomination de *pièce*, de *mélodrame* aux divers genres de théâtres secondaires. Cependant je pense que le théâtre de la rue de Chartres, pour répondre à son titre, et pour mieux caractériser son genre particulier, devroit *exclusivement* donner à ses pièces la qualification de *vaudeville*.

On dira que c'est s'attacher aux mots : mais qui est-ce qui ne connoît leur empire ? que de *maux*, grands dieux, nous ont causés les *mots!*... pourquoi aujourd'hui ne pas avoir recours à leur influence, lorsqu'il s'agit de rétablir l'ordre et l'harmonie dans une partie essentielle de l'administration publique ?

La distinction et la répartition des genres n'est point d'une nécessité chimérique ; elle est essentiellement liée à des considérations majeures; strictement observée d'ailleurs, elle répandroit avec égalité sur tous les théâtres de Paris les faveurs de Plutus.

La commission *d'examen* ou *commission théâtrale* est donc indispensable , et sans elle tous les réglemens faits et à faire seront illusoires ; il ne suffit pas de désigner les genres , l'essentiel est que l'on s'y conforme ; il ne suffit pas d'intituler à son gré tel ou tel ouvrage : il faut s'assurer si la pièce répond au *titre ;* sans cela on escobardera tout avec l'enveloppe.

Proposer, provoquer des mesures répressives à cet l'égard, n'est point innover : avant la révolution, les petits spectacles se trouvoient sous une surveillance scrupuleuse, et cette surveillance étoit alors exercée par les grands théâtres, qui avoient le plus fort intérêt à tenir sévèrement la main à l'exécution des réglemens.

En rétablissant un ordre de choses interverti, de ces nouvelles mesures naîtroient plusieurs avantages : les *genres* étant distincts, quelques théâtres n'auroient pas à redouter une concur-

(104)

rence dont l'issue est souvent fatale ; sur nos
boulevards, à des scènes ignobles, repous-
santes, succéderoient des scènes de bienfaisance et de générosité ; aux poignards, les gre-
lots de la folie ; aux brigands, de bons pères de
famille ; aux échafauds, aux supplices, des fêtes
et des jeux. La classe ouvrière cesseroit d'entendre des maximes fausses, de voir la majesté
divine et la dignité suprême tour à tour com-
promises ; le nom de *monarque*, rarement pro-
noncé, ne le seroit plus que pour bénir le meil-
leur des princes ; l'artisan retourneroit dans son
ménage avec des idées de respect pour l'autel et
le trône ; l'artisan ne lit point, et quelque temps
encore ses temples seront peut-être les *théâtres...*
offrez-lui donc la morale en action : alors les
théâtres du peuple auront un but d'utilité publique ; alors ce peuple, si long-temps égaré,
exaspéré, démoralisé, redevenant sage, bon,
vertueux, sera digne de lui-même, et digne de
son Roi.

AMENDEMENS

PROPOSÉS AU RÉGLEMENT DU 25 AVRIL 1807.

Académie royale de Musique.

. . . .

LES *ballets-pantomimes ou d'action lui sont* EXCLUSIVEMENT et sans distinction réservés;

Considérant la nécessité de rendre à l'Académie royale de musique l'une de ses anciennes et principales prérogatives ; considérant les abus qui résultent des différentes dénominations données aux pantomimes représentées sur des théâtres secondaires, pantomimes qui sont réellement des *ballets d'action*, bien qu'ils n'en aient pas la qualification :

Toute pantomime dans le genre historique ou non historique, reçue à un théâtre secondaire, jouant actuellement ce genre, sera soumise à l'un des membres du comité de lecture de l'Académie royale, nommé *examinateur* à cet effet, et lequel jugera si cet ouvrage seroit de nature à être proposé audit comité, et vérifiera si un ouvrage sur le même sujet n'auroit point été accepté à l'Académie royale ; dans ce dernier cas, ledit ouvrage ne pourra être représenté qu'*un an* après celui joué à l'Opéra, à moins que par une chute ce dernier ne vienne à être retiré du répertoire de l'Académie royale.

Mais si l'Académie royale est plus de *trois ans* sans *monter* la pantomime dont elle auroit empêché la représentation sur un autre théâtre, après l'avoir reçue, l'auteur pourra disposer de son ouvrage en faveur de tout autre spectacle de la capitale, s'il ne préfère en vendre la propriété à l'Académie royale, d'après un tarif fixé à cet effet.

Nonobstant, si ledit ouvrage, long-temps retardé par des cas imprévus, est représenté du vivant de l'auteur, la somme que l'auteur aura reçue à titre de vente, ne lui sera imputée alors que comme *à-compte* sur les droits perçus par chaque auteur de ballet-pantomime, selon le réglement de l'Académie royale à cet égard.

Sont exceptées de cette formalité les *pantomimes comiques et burlesques* dont le genre appartient aux petits théâtres.

L'Académie royale fixera pour chaque

théâtre de Paris, autorisé à donner des *diver-tissemens*, le nombre des quadrilles et celui des premiers sujets des corps de ballet.

Il ne pourra y avoir dans un mélodrame ou une pantomime plus de *deux divertissemens* dans *trois actes*, ou *un* dans *deux actes.*

Dans les *pantomimes* aucun rôle ne pourra être rempli par un personnage *dansant* (1).

Il ne sera point donné de divertissemens isolés.

Théâtre Français.

. . . .

La dénomination de *comédie* appartiendra *seule* aux pièces de ce genre jouées au Théâtre Français, ou à l'Odéon.

Théâtre royal de l'Opéra-Comique, et Théâtre royal Italien.

Ces deux théâtres sont réunis.

Cette jonction maintiendra néanmoins certains

---

(1) Toute pantomime devient *œuvre chorégraphique* du moment où cette pantomime est jouée par des danseurs et danseuses mêlant des pas à l'action.

7*

droits respectifs, et entr'autres les articles du réglement actuel, relatifs aux pensions, etc. etc.

Des *divertissemens* pourront être introduits dans les ouvrages français ou italiens joués à ce théâtre.

Ces divertissemens seront exécutés par les élèves de l'Opéra.

Odéon, théâtre royal.

. . . .

Ce théâtre continuera d'être *annexe* du Théâtre-Français pour la *comédie* et le *drame*. Le drame héroïque et le drame historique lui appartiendront en chef.

Sur la non-réception de l'Odéon, tout drame héroïque ou historique, si le sujet n'est point tiré de *l'Histoire de France*, pourra être représenté sur un théâtre secondaire, toutefois après l'examen de la commission, et les changemens qu'elle jugera convenables.

L'Odéon pourra représenter, concurremment avec le Théâtre-Français, un certain nombre d'ouvrages de l'ancien répertoire, qui seront désignés.

Considérant la grande population du quartier dans lequel il est situé, et son éloignement des autres théâtres royaux, l'Odéon réunira deux autres genres : la *tragédie* et *l'opéra comique* en *un acte*.

Ce théâtre sera aussi un *Théâtre d'essai* pour les auteurs tragiques surtout.

Les élèves du Conservatoire devront y jouer avant de paroître sur les théâtres royaux.

Toute *tragédie* ou *comédie* ayant obtenu un grand succès sera, au bout de *trois ans*, représentée an Théâtre-Français, à titre de récompense et d'encouragement.

Théâtre du Vaudeville.

Ce théâtre continuera de représenter des pièces en un, deux ou trois actes, conformément à celles qui composent aujourd'hui son répertoire. Ces pièces porteront la dénomination de *vaudevilles* ou *pièces mêlées de vaudevilles*. Il jouera les *parodies*.

Théâtre des Variétés.

Ce spectacle est spécialement destiné aux pièces dans le genre de celles du théâtre de la Foire, et aux *imitations burlesques*.

Ces pièces pourront être mêlées de couplets ;

elles auront deux actes au plus, et porteront la dénomination de *pièces bouffonnes, folies* ou *tableaux comiques*, ou *imitations burlesques*.

Théâtre de la Gaieté, ci-devant salle des Grands Danseurs du Roi, établi sous ce dernier titre en 1760.

Le mélodrame (restreint), la féerie *comique*, la pantomime arlequinade, ou *farces* dans le genre de Nicolet ; les pièces en un acte, non mêlées de couplets, ayant la dénomination de *pièces, proverbes* ou *parades*.

Théâtre de l'Ambigu-Comique, ci-devant salle de l'Ambigu-Comique, établi sous ce dernier titre en 1772.

Le mélodrame (restreint), la féerie *comique*; la pantomime dans le genre sérieux, telle qu'elle a été créée à ce spectacle par *Arnoult* et *Audinot*. Les pièces en un acte, non mêlées de couplets, ayant la dénomination de *pièces, proverbes* ou *parades*.

Théâtre de la Porte Saint-Martin, ci-devant l'Opéra, rouvert en 1814.

Le mélodrame (restreint), la féerie co-

mique, le drame non convenable à l'Odéon ; les pièces en un acte, non mêlées de couplets, ayant la dénomination de *pièces*, *proverbes* ou *parades*.

———

Nota. J'entends par *mélodrame restreint* tout mélodrame ancien qui aura passé à la révision ; tout mélodrame nouveau renfermé dans les bornes prescrites par la commission, sous le rapport moral et politique.

J'entends par *féerie-comique* tous contes ou aventures surnaturelles, voyages imaginaires et merveilleux mis en action ; tous sujets d'invention de cette nature.

La pantomime dans le genre sérieux faisant partie essentielle du domaine de l'Académie royale de Musique, il m'a semblé qu'elle ne devoit être accordée qu'à un seul théâtre. Il seroit juste dans ce cas, qu'elle le fût exclusivement au spectacle qui lui servit de berceau aux boulevards ; spectacle d'ailleurs dont le cadre ne peut présenter aucun point de comparaison avec celui de l'Opéra.

Articles réglémentaires.

Les sujets tirés de *l'Histoire Sacrée*, de *l'Histoire de France* et de la *Mythologie*, n'appartiendront qu'aux théâtres royaux.

La partie de *l'Histoire ancienne*, partie dans laquelle il sera permis de puiser pour les théâtres secondaires, sera indiquée par la commission.

Toute anecdote moderne (si le nom du héros ou de l'héroïne ne se rattache point à de grands souvenirs, ou n'est pas celui d'une famille illustre) sera du domaine des théâtres secondaires.

Si le héros ou l'héroïne existe encore, il faudra une autorisation particulière de la commission.

Le théâtre du Vaudeville aura seul le droit de continuer à orner sa *galerie* d'hommes et de femmes célèbres, sans distinction de rang.

La dénomination de mélodrame *historique* sera interdite : on substituera à ce mot ceux-ci: *sujet tiré* de....., *ou d'un fait arrivé en tel pays ou à telle époque.*

De la réunion du Vaudeville avec les Variétés.

Après avoir réparti avec quelque soin les genres, de manière que chaque théâtre secondaire ait, sinon un cachet particulier (ce qui est impossible, à cause de leur nombre) du moins une nuance différente, je suppose que le système de *suppression* l'emporte sur celui de *réduction* de la capacité des salles, et je reviens, dans ce cas, à la réunion projetée.

Il est facile de voir, tant par l'arrêté du 25 avril 1807, que par la répartition nouvelle que je

proposé, et mieux encore par le genre d'ouvrages que jouent chaque jour le Vaudeville et
les Variétés, qu'on ne peut tracer bien visiblement de ligne de démarcation entr'eux.

Le Vaudeville ne se trouvera-t-il pas bientôt
dans une attitude gênante? le public y est autre-
ment sévère qu'aux Variétés, et semble vouloir
maintenir le genre dans sa pureté. Cependant,
si le Vaudeville conserve toute sa raison, fera-t-il
autant que son émule dans sa pleine démence?

Ce sont deux frères : l'un fils légitime, l'autre
bâtard ; mais par cette bizarrerie dont on a
néanmoins tant d'exemples, le fils naturel a
beaucoup plus de bonheur que l'enfant *légale-
ment* né.

En les réunissant, la félicité de Pierre deviendra
commune à Paul, et l'on pardonnera la grosse
gaieté du cadet en faveur de la finesse d'esprit
de l'aîné. Je soutiens donc qu'ils peuvent habiter
sous le même toit.

Si l'on a remarqué la difficulté d'établir une
distinction marquante entre le Vaudeville et les
Variétés, on a dû s'apercevoir aussi combien il
étoit difficile d'assigner au théâtre de la Porte
Saint-Martin un genre qui ne pût heurter
l'Opéra, qui fût étranger au Vaudeville, aux
Variétés, et autant que possible aux deux autres

8

théâtres du boulevard, lesquels ne tarderoient pas à être écrasés si l'on laissoit entre ces deux derniers et le premier une concurrence de prérogatives.

Forcé de lui donner quelqu'attribution diffé-rente, j'ai pensé qu'on pouvoit lui laisser en partage avec l'Odéon le *drame*; genre qui n'est pas cependant sans danger aux boulevards. Mais de quelque façon qu'on s'arrange, *ce* théâtre sera toujours *parasite*, s'il n'a un *genre* proprement dit.

Son état brillant en fournit aujourd'hui la preuve incontestable.

On a voulu, et on a dû lui donner les moyens de prospérer, puisqu'on lui a rendu la vie; des dons de toute espèce lui furent prodigués; comme Danaé, cette salle a été arrosée d'une pluie métallique; nous avons vu ces riches produits: avec de l'or, il est vrai, faci-lement *on fait de l'argent*.

Le Vaudeville et les Variétés au théâtre Saint-Martin lèvent tous les obstacles.

Ce théâtre, alors, n'est le rival d'aucun autre. Le Vaudeville et les Variétés cessent de détourner dans leurs parages des flots de spec-tateurs qui se répandroient dans les théâtres royaux.

L'hiver n'est point à redouter pour les nouveaux hôtes, et l'été offre au Vaudeville un
avantage que lui refuse un local étroit et peu
aéré; avantage dont les Variétés jouissent seules
par leur agréable position. Enfin, la réunion de
l'Opéra-Comique avec l'Opéra-Italien, celle
du Vaudeville avec les Variétés, et les amendemens proposés, feroient que *trois salles* cesse-
d'être ouvertes chaque jour, qu'une distinction
et répartition de genres *effectives* existeroit
parmi les petits théâtres, et qu'un accroisse-
ment considérable de recettes rendroit florissans
les grands.

Résultat évident de la réunion du Vaudeville
  avec les Variétés, et de leur translation au
  boulevard Saint-Martin.

Le Vaudeville a fait, année commune, (non
compris les loges à l'année. . . . . 350,000 fr.
Les Variétés, *idem.* 600,000
                                        ─────────
                        Total. . . . 950,000

Le théâtre de la Porte Saint-Martin a fait
en 1815 (non compris les loges à l'année, les
bals, etc.) *quatre cent quatre-vingt-seize mille*
six cent soixante et dix-huit francs; j'ai dû,

d'après ses diverses ressources ; évaluer son
année commune à 600,000 fr.; cette évaluation
n'a rien d'exagéré, puisque les Variétés, dont
la capacité de la salle est à peu près la même,
présentent, cette même année 1815, un produit
brut de 661,917 fr. Or donc, si la recette du
théâtre Saint-Martin n'a pas été plus haute, il n'y
a pas eu impossibilité locale, c'est que, comme
j'en ai déjà fait l'observation, ce spectacle n'a été
très-heureux que deux fois en choix d'ouvrages.

Or, réunissant son année commune éva-
luée à 600,000 fr., aux. . . . . 950,000 fr.
Ci. 600,000

On aura un total de 1,550,000

Ces trois théâtres secondaires enlèvent donc à
eux seuls *quinze cent cinquante mille francs*
sur le produit général.

Maintenant je dis : La réunion et le déplace-
ment *surtout* du Vaudeville et des Variétés, em-
pêcheroient nécessairement que, dans le voisinage
des théâtres royaux, une somme de 950,000 fr.
fût annuellement dépensée au profit des premiers, cette somme rejailliroit en très-grande
partie sur les seconds indubitablement.

Mais j'ajoute encore : le rétrécissement du
cadre et de la salle de la Porte Saint-Martin,
exigé par le genre de la rue de Chartres et du

Panorama, diminuant la capacité de la salle, réduiroit aussi son produit, que je porte par aperçu désormais, à 500,000 fr. par an ; donc je puis joindre à cette somme de 950,000 fr. celle de 100,000 fr. ; ce qui me donnera un total de 1,050,000 fr. (sauf les impôts ordinaires), retirés des caisses des théâtres secondaires pour entrer approximativement dans les caisses des grands théâtres.

Ce produit peut être encore augmenté d'après la mesure que je vais proposer relativement au *Cirque Olympique*, s'il est vrai que ce spectacle, qu'on peut regarder comme le premier parmi les *spectacles de curiosité*, doit éprouver une certaine restriction.

Nota. Certes, si le projet de réduire les théâtres n'existoit point, si je n'étois informé qu'on prépare un travail à cet égard, je ne publierois pas à la hâte tous ces détails. Je me garderois de provoquer de tels changemens : mais à l'instant où le gouvernement va prendre une décision aussi importante que nécessaire, je pense qu'il est du devoir d'un Français, n'aimant pas moins son pays que son Roi, de mettre au jour des idées générales qui sont le fruit de plusieurs années d'observation.

DES SPECTACLES DE CURIOSITÉ.

L'art. 15 du décret du 8 juin 1806, dit :
« Les spectacles de curiosité seront soumis à
» des règlemens particuliers, et ne porteront
» plus le titre *de théâtres*. »

Les spectacles de curiosité sont devenus fort
nombreux à Paris depuis quelques années : ils
augmentent la diversité des plaisirs de la capitale ;
mais parmi les premiers, il en est d'une espèce
singulière sous le nom de *cafés-spectacles*. J'aurai
occasion d'en parler un moment à la fin de cet
ouvrage ; je reviens au Cirque Olympique.

Cirque Olympique de Franconi.

Le Cirque Olympique doit-il être véritablement compris dans la réforme ? c'est-à-dire
borné à son genre primitif, à ses simples exercices d'équitation ? Dans cette hypothèse, n'y
auroit-il pas un moyen de lui éviter cette restriction, et d'offrir au gouvernement un égal
résultat ?

Je n'ignore pas que dans certaine circons-
tance, une mesure doit être générale, ou
elle devient injuste et vexatoire.

Les petits théâtres auroient droit de réclamer, si une fois le produit de leurs salles diminué, il existoit dans la capitale d'autres spectacles qui, bien qu'ils ne portassent pas le titre de *théâtres*, n'en eussent pas moins les attributions, et surtout offrissent au public de spacieuses enceintes.

Le cirque immense de Franconi, sous ces deux rapports, ne manqueroit pas de faire des jaloux et des mécontens.

Cependant cette mesure praticable ailleurs, est peu susceptible d'exécution au Cirque Olympique, dont le genre actuel exige un emplacement très-vaste et des frais considérables. Indispensablement il a besoin de fortes recettes.

Pour conserver, d'un côté, à la capitale un spectacle d'une physionomie particulière, devenu fort attrayant pour les étrangers surtout, et de l'autre, afin de ne point s'écarter du système de réduction, ne pourroit-on pas, au lieu de rétrécir le Cirque Olympique, ou de restreindre le genre qu'il a su se créer avec beaucoup de succès et d'habileté, assimiler entièrement ce spectacle à l'Amphithéâtre Royal de Londres, et ne lui permettre que *six mois* d'exploitation dans la capitale (1)?

—————————————

(1) L'Amphithéâtre Royal d'*Astley*, à Londres, est ce que le Cirque Olympique est ici.

On a pu remarquer que la troupe du Cirque
Olympique s'absentoit pendant une partie de
l'été, et ne résidoit à Paris que pendant les huit
mois qui précisément sont ceux de la grande
récolte des théâtres royaux : peut-être rempli-
roit-on les mêmes vues du projet en n'accordant au contraire au Cirque Olympique qu'une
résidence d'été, c'est-à-dire d'avril à octobre.
Pendant les six autres mois, cette troupe voya-
geroit, soit dans l'intérieur du royaume, soit
chez l'étranger, ainsi que le fait celle de l'Amphithéâtre Royal. La situation du Cirque, placé
auprès des plus agréables promenades, et son
éloignement du centre de la capitale, semblent
le destiner à n'être ouvert que pendant les
beaux jours.

Cette toute autre absence ne seroit certainement pas aussi préjudiciable qu'une restriction
de genre pour les sieurs Franconi, que l'on
pourroit d'ailleurs dédommager amplement, en
leur accordant le privilége de donner leur spectacle successivement dans nos grandes villes
pendant l'hiver, faveur qu'ils sollicitent, dit-on,
depuis long-temps.

Nous proposerons en conséquence pour le
Cirque Olympique un article différent de celui
des théâtres secondaires; mais ayant de pré-

senter l'ensemble de cette seconde partie du projet d'organisation, je dirai :

Le plan de réduire la capacité des salles à 2000 fr. n'offre pas, au premier coup-d'œil, un si brillant résultat ; il ne diminue le total des plus hautes recettes de chaque spectacle secondaire que de 5,914 fr., ce qui toutefois, souvent répété dans le cours d'une année, ne laisse pas d'être considérable ; mais il égalise les recettes journalières entre ces spectacles ; et, comme je l'ai déjà avancé, en atténuant leurs moyens de dépense, il force quelques-uns d'eux à simplifier leur genre, et à retourner à l'ancien ; c'est peut-être arriver au même but par un chemin plus long, avec cet avantage cependant que ce plan n'entraîne la suppression d'aucun théâtre.

Présumant qu'il est susceptible d'un examen particulier, j'en compose, avec quelques détails additionnels et le projet de réunion, les *dispositions générales* suivantes.

DISPOSITIONS GÉNÉRALES

PROJETÉES.

Du maintien des Genres.

Des mesures seront prises pour qu'aucun des théâtres secondaires ne puisse s'écarter du genre qui lui aura été définitivement assigné.

La COMMISSION THÉATRALE, sera chargée de proposer ces mesures.

L'Académie royale de Musique aura néanmoins son droit ancien de *surveillance* en ce qui la concerne.

Les autres théâtres royaux adresseront leurs plaintes, s'il y a lieu, à la *commission.*

Réduction de la capacité des Salles.

Le *maximum* de la capacité des salles des théâtres secondaires, est fixé à *deux mille francs.*

Toute salle qui produit aujourd'hui au-delà de cette somme, sera disposée de manière à ne pouvoir rigoureusement l'excéder.

Tout entrepreneur aura néanmoins l'option, ou de se conformer à cette mesure, ou de conserver l'étendue actuelle de la salle qu'il

(123)

exploite, mais en payant chaque jour un *quart
de la recette brute* aux théâtres royaux, la re-
devance du vingtième à l'Académie royale de
Musique demeurant alors supprimée (1).

Tout entrepreneur qui, après la réduction
de la capacité de sa salle, obtiendra l'autorisation d'élever le prix de ses places, paiera
aux théâtres royaux le huitième au lieu du
vingtième sur la totalité de la recette, depuis
100 fr. jusqu'à 500 fr. d'augmentation en sus du
maximum, et le *quart brut* depuis 500 jusqu'à
1000 et au-delà (2).

---

(1) Avant la révolution, les deux petits spectacles du boulevard, dont chaque salle, remplie, produisoit, l'une *douze*, et
l'autre *quinze cents francs*, payoient un *quart brut* aux pauvres :
et en sus, l'Ambigu-Comique étoit annuellement tributaire de
l'Opéra pour *trente mille francs*, et Nicolet pour *vingt-quatre*.
La salle de l'Ambigu-Comique étoit alors plus grande que celle
de Nicolet ; mais ce double impôt étoit trop onéreux.

(2) Cette progression est pour atteindre le but proposé : tel
spectacle secondaire qui augmenteroit le prix de ses places, en se
rapprochant alors de celui des grands théâtres, se trouveroit
presqu'en concurrence avec eux ; mais, à prix à peu près égal,
on préféreroit les théâtres royaux. Or, ce spectacle verroit donc
diminuer ses recettes, il ne seroit point à craindre. Cependant,
si, à l'aide d'un succès extraordinaire, il attiroit la foule, malgré
l'augmentation de ses places, et qu'alors il outrepassât le *maximum* déterminé, il ne pourroit s'enrichir qu'au préjudice des
théâtres royaux ; il devroit donc une indemnité au gouvernement.

Réunion du *Vaudeville* avec les *Variétés*, et résidence temporaire du *Cirque Olympique*.

Le théâtre du *Vaudeville* et celui des *Variétés* seront réunis.

Ils occuperont la salle située boulevard de la Porte Saint-Martin.

Le théâtre et la salle seront rétrécis.

Le *maximum* de la recette sera déterminé.

Le Vaudeville et les Variétés joueront soit alternativement, soit en commun, les pièces de leur répertoire respectif.

Il sera pris des précautions pour que le *genre* du théâtre du Vaudeville ne soit point altéré, et qu'il conserve son *intégrité*.

Il pourra être donné à ce théâtre des pièces-fééries mêlées de couplets. Ces pièces ne pourront avoir plus de deux actes.

Ce spectacle aura le titre de Théâtre du *Vaudeville-Variétés*.

Il sera pourvu au dédommagement des parties qui pourroient être lésées par cette réunion.

Le répertoire du théâtre de la Porte Saint-Martin sera partagé entre l'Odéon et les spectacles du boulevard, selon les genres affectés à chacun de ces théâtres.

Le *Cirque Olympique* n'aura dans la capitale qu'une résidence temporaire chaque année.

Il ouvrira le 15 avril, et fera sa clôture le 15 septembre. Son genre sera :

Les exercices d'équitation, de voltige, tours de force ou d'adresse, etc.

La pantomime dite *pantomime équestre*. Tous sujets, autres que des sujets *chevaleresques*, ne pourront être représentés au Cirque Olympique.

RÉSUMÉ GÉNÉRAL.

Récapitulation des sommes que la réunion du Vaudeville avec les Variétés , et la résidence de six mois seulement du Cirque Olympique à Paris, soustrairoit de la recette générale (année commune) des spectacles secondaires actuels.

L'ANNÉE COMMUNE du Cirque Olympique peut être évaluée à 220,000 fr., pendant ses huit mois d'exploitation.

L'absence de ce spectacle de la capitale durant les *six mois* d'hiver, doit faire refluer dans les grands théâtres deux tiers des individus qui le fréquentent pendant cette saison, et avec d'autant plus de probabilité, ou plutôt de certitude, que ni le Vaudeville, ni les Variétés, éloignés de ce quartier, ne pourroient les recevoir.

Ces deux tiers donnent. . . . . 146,666 f. 70 c.

L'ANNÉE COMMUNE du Vaudeville a jusqu'à présent été portée à 350,000 fr. On a dû la baser, ainsi que celle des autres théâtres, sur cinq années, de 1810 à 1815 ; mais il faut observer que, pendant ces cinq années, ce spectacle a été souvent languissant ; en 1813 seulement, il a fait 439,587 fr. Il n'y a point de doute qu'aujourd'hui, ravivé par son joyeux et fécond directeur, ses recettes annuelles iront bien au-dessus de 400,000 fr. : on peut donc désormais évaluer son *année commune* à 400,000 fr.

Vaudeville (année commune) . .	400,000 fr.
Variétés, *idem*.	600,000 fr.
Cirque Olympique (*idem* pour deux tiers sur 220,000 fr.)	146,666 fr. 70 c.
	1,146,666 fr. 70 c.

RESULTAT.

RECETTE GÉNÉRALE actuelle des spectacles secondaires (année commune présumée, y compris le théâtre Saint-Martin, pour 600,000 fr.)	2,673,269 fr. 80 c.
RECETTE GÉNÉRALE *future* des théâtres secondaires, réduits à *trois* (année commune présumée) . .	1,576,603 fr. 10 c.
SOMME A DÉFALQUER désormais (d'après le mode proposé) sur la *recette générale actuelle* . .	1,146,666 fr. 70 c.

DIFFERENCE

Devant tourner à l'avantage des Théâtres royaux :

UN MILLION CENT QUARANTE-SIX MILLE SIX CENT SOIXANTE-SIX FRANCS 70 c.

DES CAFÉS-SPECTACLES.

—

Il y avoit autrefois sur les boulevards du Temple, indépendamment d'*Audinot* et de *Nicolet*, plusieurs petits théâtres. Ils sont remplacés aujourd'hui par des *cafés-spectacles*, dont les uns sont une imitation fort embellie des *musicos* de Hollande, les autres une petite caricature de quelques grands théâtres d'Italie, théâtres qu'on pourroit appeler des *spectacles-cafés*.

Je n'occuperai un instant le lecteur de ces nouvelles et bizarres entreprises, sous le nom de *cafés-spectacles*, que parce que leur création et leur vogue me paroissent être l'effet des abus contre lesquels je me suis élevé.

Le peuple ne se porte en foule dans ces endroits que parce qu'il y applaudit en général ce qu'on offroit jadis à son avidité dans des théâtres qui ont cessé d'être les siens.

Rien n'atteste plus clairement l'ennui qu'é-

prouve maintenant la multitude à la représentation d'un certain nombre de mélodrames que
le succès de ces cafés ; ce succès indique d'une
manière positive que le goût des spectateurs de
ce quartier tend naturellement vers un autre
genre que celui dont on s'obstine à le rassasier.

Cependant , si les théâtres des boulevards
étoient rendus à leur première destination , si
désormais ils ne procuroient au peuple qu'un
délassement qui lui fût convenable ; si enfin le
mélodrame n'étoit plus employé qu'à retracer
des actions morales, qu'à ramener une bonne
et franche gaîté, tous les spectacles établis dans
ces cafés devroient être considérablement réduits, peut-être même supprimés , parce qu'a-
lors le peuple seroit le maître de trouver dans
des établissemens qu'il faudroit, sous ce rapport particulier, protéger, de véritables amu-
semens.

POST-SCRIPTUM.

Je crois devoir prévenir par quelques mots une objec-
tion sur la manière dont j'ai offert la capacité des diverses
salles de Paris.

Je n'ai point assurément prétendu faire connoître le
nombre d'individus que chacune d'elles peut contenir,
mais bien ce que chacune d'elles peut faire de recette, au
prix actuel de ses places. Il importoit moins de savoir la

quantité de personnes que les spectacles secondaires sont dans le cas de recevoir, que le montant de la somme qu'ils absorbent. C'est donc un produit *pécuniaire* qu'il falloit offrir, plutôt qu'un calcul métrique.

Un autre éclaircissement me semble utile relativement aux *loges à l'année* des théâtres secondaires ; il s'ensuivroit peut-être un grand vague dans le *résultat* général présenté, si l'on ne disoit que ces loges sont en assez petit nombre, et pour la plupart des loges *d'obligation*, qui ne rapportent rien, telles que loges du *gouverneur*, du *propriétaire*, de l'*architecte-constructeur*, du *directeur*, etc. Toutes ces loges ne vont guère au-delà de six par petit spectacle. Celles qui excèdent sont *louées* ou doivent l'être. Les hospices et l'Opéra ont droit de percevoir sur le rapport évalué desdites loges.

Si le nombre des loges gratuites n'est point fixé dans ces théâtres, il seroit régulier qu'il fût déterminé.

ERRATA.

Il s'est glissé, *page* 53, de légères erreurs dans les *secondes colonnes* du tableau des recettes des grands théâtres ; an 1810 et 1812 : mais la différence a paru trop foible pour qu'on recommençât toutes les opérations :

1810.			1812.		
Acad. roy.	000,244 f.	83 c.	Acad. roy.	000,495 f.	88 c.
Français. .	000,289	69	Français. .	000,313	82
Op.-Com.	000,502	54	Op.-Com.	000,357	65
Odéon et			Odéon et		
Op.-Buf.	000,803	64	Op.-Buf.	000,851	34

Page 100, ligne 10. Une parade de Taconnet, de Dorvigny, ou de tout autre de cette espèce ; *lisez :* de tout autre, *et de* cette espèce.

FIN.

www.ingramcontent.com/pod-product-compliance
Lightning Source LLC
LaVergne TN
LVHW021835170726
843503LV00003B/942